TEOLOGIA PORTÁTIL
OU
DICIONÁRIO ABREVIADO
DA RELIGIÃO CRISTÃ

BARÃO DE HOLBACH

TEOLOGIA PORTÁTIL
ou
Dicionário abreviado
da religião cristã

pelo Abade Bernier
Licenciado em Teologia

Edição original: *Théologie portative
ou Dictionnaire abrégé de la religion chrétienne*
Londres, 1768

Tradução
REGINA SCHÖPKE
MAURO BALADI

martins fontes
selo martins

© 2012 Martins Editora Livraria Ltda., São Paulo, para a presente edição.

Publisher *Evandro Mendonça Martins Fontes*
Coordenação editorial *Vanessa Faleck*
Produção editorial *Danielle Benfica*
Preparação *Mariana Zanini*
Revisão *Denise Roberti Camargo*
Paula Passarelli
Entrelinhas Editorial

Dados Internacionais de Catalogação na Publicação (CIP)
(Câmara Brasileira do Livro, SP, Brasil)

Holbach, Barão de, 1723-1789.
 Teologia portátil, ou, Dicionário abreviado da religião cristã / Barão de Holbach ; pelo Abade Bernier ; [tradução Regina Schöpke, Mauro Baladi]. – São Paulo : Martins Fontes – selo Martins, 2012.

 Título original: Théologie portative, ou, Dictionnaire abrégé de la religion chrétienne.
 ISBN 978-85-8063-033-6

 1. Teologia – Dicionários I. Bernier, Abade. II. Título. III. Título: Dicionário abreviado da religião cristã.

11-10396 CDD-230.03

Índices para catálogo sistemático:
1. Teologia cristã : Dicionários 230.03

Todos os direitos desta edição reservados à
Martins Editora Livraria Ltda.
Av. Dr. Arnaldo, 2076
01255-000 São Paulo SP Brasil
Tel.: (11) 3116 0000
info@martinseditora.com.br
www.martinsmartinsfontes.com.br

Audite hoc, sacerdotes, et attendite, domus Israël,
et domus regis, auscultate; quia vobis judicium
est, quoniam laqueus facti estis speculationi,
et rete expansum super Thabor.
Oseias, Cap. V, v. 1[1]

---

1. "Ouvi isto, ó sacerdotes; sede atentos, senhores de Israel; escutai, gente da casa do rei! Contra vós será feito o julgamento, porque vos tornastes um laço para a sentinela, uma rede estendida no Tabor." (Observação: as notas que não indicam autoria são de tradução.)

Advertência

Nós temos uma multidão de dicionários portáteis sobre todas as ciências, sobre as artes e até mesmo sobre alguns assuntos frívolos. No século em que vivemos, tem-se trabalhado de todos os lados para simplificar os conhecimentos, para torná-los mais fáceis e mais compendiosos, e para pô-los ao alcance de todo mundo. No entanto, até hoje ainda não haviam tentado fazer a mesma coisa com a teologia. Embora algumas vezes ela tenha sido apresentada ao público de uma forma bastante resumida, nem por isso se tornou muito mais clara. Pelo contrário, essa ciência divina quase sempre pareceu ficar mais confusa por causa disso e, apesar desses auxílios, as pessoas que dela se ocupavam com mais seriedade, que mais falavam dela e que se mostravam as mais zelosas para com ela, nem sempre tiveram ideias bem claras e bem distintas sobre ela.

É para remediar esses inconvenientes que publicamos esta obra, que pode ser considerada um manual, um vade-mécum teológico ou, se preferirem, uma *teologia de bolso* na qual cada um encontrará muito prontamente a solução para todas as dificuldades levantadas sobre essa importante matéria. Com a ajuda deste pequeno dicionário, os grandes e os pequenos, as pessoas esclarecidas assim como as mais simplórias, até mesmo as mulheres, estarão em condições de falar pertinentemente de um grande número de questões que até aqui não haviam se mostrado, a não ser envoltas em nuvens.

Esperamos, portanto, que esse trabalho, que não passa de uma tentativa, seja recebido favoravelmente pelo público e mereça, sobretudo, a aprovação do clero, que nele encontrará todos os seus direitos estabelecidos sobre uma base inquebrantável. Com efeito, se este dicionário se distingue em algum aspecto, é pelo seu encadeamento e pela ligação entre os temas. Logo na primeira olhada, todos ficarão convencidos de que todas as verdades teológicas estão ligadas. Eles verão que elas partem do clero como de um centro comum, ao qual elas terminam sempre por retornar necessariamente. Perceberão que todas as partes da religião se prestam auxílios mútuos, de onde resulta um encadeamento completo de verdades que são um apoio umas para as outras. Em poucas palavras, perceberão sem dificuldade que os teólogos fazem a religião e que a religião nunca tem senão os teólogos como objeto. Sistema verdadeiramente celeste e do qual jamais nada sobre a Terra pode alterar a solidez! Esse princípio fecundo e luminoso se achará estabelecido sobretudo no discurso preliminar, e todos os artigos do dicionário nada mais farão do que desenvolvê-lo.

> ... *tantum series juncturaque pollet*[1].

---

1. "Tanta força têm a ordem e o arranjo dos termos". Horácio, *Arte poética*, v. 242.

Discurso preliminar

> *Constitues eos principes super omnem terram.*
> Vós os estabelecereis para comandar toda a Terra.
> Salmo 44, v. 17.

Todo esforço merece uma recompensa. As leis da equidade pedem que em uma nação os cidadãos sejam recompensados ou punidos na medida das vantagens que eles proporcionam ou dos males que eles fazem aos seus concidadãos. O interesse geral exige que os homens mais úteis sejam os mais considerados; que aqueles que são inúteis sejam vilipendiados e desprezados e que aqueles que são perigosos sejam detestados e castigados. É com base nesses princípios evidentes que nós devemos regular os nossos julgamentos. As posições sociais, as prerrogativas, as honrarias e as riquezas são recompensas que a sociedade – ou aqueles que a representam – concede às pessoas que lhe prestam os mais importantes serviços, ou dos quais ela tem mais necessidade: se a sociedade se enganasse acerca disso, se ela acumulasse os sinais do seu reconhecimento sobre pessoas indignas, inúteis ou perigosas, ela prejudicaria a si própria, e sua conduta extravagante proviria infalivelmente de alguma opinião falsa ou de algum preconceito.

Esses princípios são de natureza a não serem contestados por ninguém. Eles são seguidos em todas as nações, que pelas vantagens que elas concedem parecem reconhecer sempre os benefícios que elas mesmas recebem, ou pelo menos que elas esperam receber. Elas prestam suas homenagens aos soberanos, confiando-lhes um poder mais ou menos extenso, elas lhes concedem rendas e subsídios, porque os consideram as fontes da felicidade nacional, porque elas querem indenizá-los pelos cuidados penosos do governo. Elas honram os nobres e os poderosos porque elas os consideram os defensores do Estado, cidadãos mais esclarecidos que os outros e capazes de guiá-los, ajudando o soberano nos trabalhos da administração. Por fim, essas nações demonstram a mais profunda veneração pelos sacerdotes, porque elas os consideram, com razão, uma ordem de homens escolhidos pela própria Divindade para guiar os outros no caminho da salvação, que deve ser o objeto dos mais ardentes desejos dos povos, quando eles são bastante sábios para perceber a preferência que merecem os bens eternos e duradouros sobre os bens temporais e perecíveis deste mundo, que nada mais é do que uma passagem para chegar a uma vida muito melhor.

A religião é um dos maiores motores dos homens. As falsas religiões, que são obra da impostura, partilham com a verdadeira, que é obra da Divindade, o direito de causar impressões vivas e profundas no espírito das nações. Imbuídos de respeito por uma Divindade sempre incompreensível, agitados por temores e por esperanças – em poucas palavras, religiosos –, todos os povos da Terra consideraram os sacerdotes os mais úteis dos homens, aqueles cujas luzes e cujo auxílio lhes eram mais necessários. Como consequência, em todos os países o clero sempre constituiu a primeira ordem do Estado; ele tinha o direito de comandar todas as outras, ele desfrutava das maiores honrarias, ele foi cumulado de riquezas, ele teve um poder superior até mesmo ao dos soberanos, que foram em todos os tempos obrigados a dobrar os joelhos diante dos ministros das potências desconhecidas que recebiam as adorações dos povos.

Em quase todos os tempos e em todas as partes, os sacerdotes foram os mestres dos reis. Longe de o poder do soberano se estender sobre os ministros do céu, ele foi obrigado a cedê-lo; os sacerdotes desfrutaram da grandeza, da consideração e da impunidade. Quase sempre eles justificaram os seus excessos através das vontades dos deuses, que estavam eles próprios às suas ordens. Em poucas palavras, o céu e a Terra foram forçados a obedecer-lhes, e os soberanos não encontraram outro meio de exercer a autoridade que lhes tinha sido confiada a não ser o de se submeterem eles próprios à autoridade mais temível dos ministros dos deuses.

Os sacerdotes das falsas religiões que vemos espalhadas pela Terra desfrutam, portanto, assim como os sacerdotes da verdadeira religião, do poder mais ilimitado. Tudo é bem recebido pelos povos quando é maravilhoso ou quando provém da Divindade. Eles nunca examinam nada de acordo com os seus sacerdotes, que estão em toda parte acostumados a comandar a sua razão e a subjugar o seu entendimento. Não fiquemos, portanto, surpresos ao ver em toda parte o sacerdócio desfrutar de privilégios imensos, de riquezas inesgotáveis, de uma autoridade sempre respeitada, enfim, até mesmo do poder de agir mal sem ser punido por isso. Nós o vemos, em todos os países, prescrever alguns ritos, usos e cerimônias por vezes bizarros, desumanos e insensatos. Nós o vemos tirar partido de uma multidão de invenções que, com base na sua palavra, são sempre consideradas divinas. Os sacerdotes sacrificaram homens em quase todos os países. Era necessário tornar os deuses terríveis para que os seus ministros fossem mais respeitados e mais bem recompensados. Eles introduziram algumas práticas religiosas úteis aos seus prazeres, à sua avareza e às suas paixões. Enfim, eles cometeram alguns crimes diante dos olhos dos povos que, sob o encanto em que estavam, bem longe de puni-los, souberam ficar contentes com os seus excessos e imaginaram que o céu se tornaria mais propício para eles à medida que os seus sacerdotes fossem mais criminosos.

Entre os fenícios, Moloch pedia que sacrificassem a ele algumas crianças. Faziam-lhe sacrifícios semelhantes entre os cartagineses; a deusa da Táurida queria que imolassem a ela os estrangeiros; o deus dos mexicanos exigia milhares de vítimas humanas; os druidas, entre os celtas, sacrificavam os prisioneiros de guerra. O deus de Maomé queria que entendessem a sua religião pelo ferro e pelo fogo e, por conseguinte, exigia que lhe sacrificassem nações inteiras. Enfim, os sacerdotes do Deus vivo têm feito perecer, como é de justiça, mais homens para apaziguá-lo do que os sacerdotes de todas as nações juntas jamais imolaram.

Com efeito, aquilo que é abuso e crime nas falsas religiões torna-se legítimo e santo na verdadeira religião. O deus que nós adoramos é, sem dúvida, maior e não deve ser menos temível do que os falsos deuses dos pagãos. Seus sacerdotes não devem ser nem menos respeitados nem menos recompensados do que os deles. Por conseguinte, nós vemos que os ministros de Jeová, sem se entreterem esquadrinhando as entranhas de algumas vítimas, sejam homens, sejam animais, degolaram de uma só vez cidades, exércitos e nações em honra da verdadeira Divindade. Isso foi, sem dúvida, para provar a sua superioridade e para nos compenetrar do santo respeito que é devido aos seus ministros. Assim, longe de considerarmos um crime esses sacrifícios numerosos que eles fizeram ou causaram sobre a Terra, eles devem nos inspirar elevadas ideias sobre o nosso Deus: longe de censurá-los por essas santas perseguições, por essas santas carnificinas, por esses suplícios inauditos, que parecem atrocidades e crimes para os olhos preconceituosos, devemos intensificar a submissão aos seus ministros que nos ensinam a sua grandeza e que fazem tão grandes coisas para lhe agradar. É verdade que a humanidade rebelde pode algumas vezes se revoltar contra algumas práticas que a natureza e a razão desaprovam, mas nós sabemos que a natureza está corrompida e que a razão nos engana. Só a fé nos basta e, com a fé, nossos sacerdotes nunca estão errados.

Portanto, é pelos olhos da fé que devemos considerar as ações dos nossos sacerdotes e, então, acharemos sempre que a sua conduta é justa e que aquilo que parece criminoso ou insensato é muitas vezes o efeito de uma sabedoria profunda, de uma política prudente e deve ser aprovado pela Divindade, que não julga as coisas como os frágeis mortais. Em poucas palavras, com muita fé nós jamais veremos nas ações do clero nada que possa nos escandalizar.

Isso posto, será fácil para nós justificar os nossos padres e os nossos bispos pelos pretensos excessos dos quais os acusam alguns homens profanos e superficiais, ou alguns ímpios que carecem de fé. Acusam-nos muitas vezes de uma ambição desmedida; falam com indignação das investidas do sacerdócio contra o poder civil; ficam revoltados com o orgulho desses pontífices que se arrogam o direito de comandar os próprios soberanos, de depô-los, de privá-los da coroa. Porém, no fundo, existirá alguma coisa mais legítima? Os príncipes, assim como os seus súditos, não estão submetidos à Igreja? Os representantes das nações não devem ceder aos representantes da Divindade? Existirá alguém na Terra que possa discutir isso com aqueles que são os depositários da potência do Altíssimo?

Portanto, nada é mais bem fundamentado aos olhos de um cristão repleto de fé do que as pretensões do sacerdócio. Nada é mais criminoso do que resistir aos ministros do Senhor; nada é mais presunçoso do que querer se colocar em pé de igualdade com eles; nada é mais temerário do que pretender julgá-los ou submeter homens totalmente divinos a leis humanas. Os sacerdotes estão sob a jurisdição de Deus, e como são eles que estão encarregados de exercê-la, deduz-se daí que os padres só podem ser submissos aos padres.

As narrativas de alguns viajantes nos informam que na costa da Guiné os reis são obrigados a se submeter a uma cerimônia sacerdotal necessária à sua entronização, e sem a qual os povos não reconheceriam a sua autoridade. O príncipe se atira no chão, enquanto o pontífice caminha sobre o seu ventre e põe o pé na sua garganta, fazendo-o jurar que ele será sempre obediente ao clero.

Se o pontífice de um miserável *fetiche* exerce um direito tão honorável, qual deve ser, então, o poder do soberano pontífice dos cristãos, que é o vigário de Jesus Cristo na Terra, o representante do Deus do universo, o vice-gerente do Rei dos Reis?

Qualquer homem bem compenetrado da grandeza do seu Deus deve estar compenetrado da grandeza dos seus sacerdotes. Recusar as homenagens que são devidas aos seus ministros seria o mesmo que negar a existência desse Deus; aquele que desobedece aos ministros, encarregados por um monarca de exercerem a sua autoridade, é, sem dúvida, um rebelde que resiste ao próprio monarca. Vê-se, portanto, que nada deve ser maior sobre a Terra do que um padre, do que um monge, do que um capuchinho, e que os príncipes dos padres são os maiores dos mortais. O pároco é sempre o principal homem da sua aldeia e o papa é, sem contestação, o primeiro homem do mundo.

A salvação é a única coisa necessária. Nós não estamos neste mundo senão para operar com *temor e tremor*: nós devemos temer a Deus e tremer diante dos seus sacerdotes. Eles são os senhores do céu; eles possuem as suas chaves; só eles sabem o caminho que a ele conduz; de onde se deduz, evidentemente, que devemos lhes obedecer preferivelmente a esses reis da Terra, cujo poder se estende apenas sobre os corpos, enquanto o dos sacerdotes se estende bem mais além dos limites desta vida. O que estou dizendo?! Se os próprios reis têm, como devem, o desejo de se salvar, é forçoso que eles se deixem cegamente conduzir pelos guias e os pilotos espirituais, que são os únicos que estão em condições de proporcionar a felicidade eterna àqueles que se mostram dóceis às suas lições. Segue-se daí que os príncipes que deixam de ser dóceis aos seus sacerdotes carecem indubitavelmente de fé e podem, pelo seu exemplo, aniquilar a fé no espírito dos seus súditos. Porém, como sem fé é impossível se salvar e como a mais importante das coisas é a salvação, devemos concluir disso que cabe ao clero ver aquilo que é preciso fazer com os príncipes que são insubmissos ou sem fé. Quase sempre ele acha que *oportet unum mori pro populo*[1], doutrina muito desagradável para os reis, muito nociva para a sociedade, mas com a qual os jesuítas asseguram que a Igreja deve ficar muito contente e que o santíssimo padre jamais teve a coragem de condenar.

Vemos, portanto, que os príncipes são, em consciência e por interesse, obrigados a serem sempre submissos ao clero. Os soberanos não têm autoridade neste mundo senão para que a Igreja prospere: o Estado não poderia ser feliz se os sacerdotes não estivessem contentes. É, como se sabe, desses sacerdotes que depende a felicidade eterna, que deve interessar bem mais aos próprios príncipes do que aquela cá debaixo. Assim, sua autoridade deve estar subordinada à dos

---
1. "É necessário que morra um em lugar do povo". Esse foi o conselho dado por Caifás aos judeus, em relação a Cristo. (Cf. João, 18, 14).

sacerdotes, que são os únicos que sabem aquilo que é necessário fazer para alcançar a glória. O soberano não deve, portanto, ser senão o executor das vontades do clero, que não passa ele próprio do porta-voz das vontades divinas. Isso posto, o príncipe só cumpre o seu dever e só deve ser obedecido quando ele obedece a Deus, ou seja, aos seus sacerdotes. A partir do momento em que estes julgam necessário para o bem da religião, é do seu dever atormentar, perseguir, banir e queimar aqueles de seus súditos que não trabalham pela sua salvação, que estão fora do caminho que conduz a ela ou que podem contribuir para desviar os outros.

Com efeito, tudo é permitido para a salvação dos homens; nada é mais legítimo do que fazer perecer o corpo para tornar a alma feliz; nada é mais vantajoso para a política cristã do que exterminar os vis mortais que colocam obstáculos aos santos desígnios dos sacerdotes. Assim, longe de censurá-los pelas crueldades salutares que eles têm muitas vezes utilizado para reconduzir os espíritos, deveriam permitir que eles as redobrassem, se fosse possível, ou ao menos que tornassem mais duradouros os rigores a que eles submetem os descrentes. Isso sem dúvida tornaria mais amável para estes últimos a religião que querem lhes fazer abraçar. Aquele que descobrisse um meio de tornar os suplícios dos heréticos mais longos e mais dolorosos faria sem dúvida um grande bem às suas almas e teria muitíssimo mérito junto à Igreja e aos seus ministros.

Assim, longe de reprovar a severidade que os ministros da religião exercem ou fazem exercer por meio do *braço secular* – ou seja, através dos príncipes, dos magistrados e dos carrascos – sobre aqueles que eles tencionam reconduzir ao regaço da Igreja, um bom cristão deveria reforçar o seu zelo caritativo e imaginar novos meios, mais eficazes do que os antigos, de desarraigar os erros e salvar as almas.

Que se deixe, portanto, de criticar a Igreja pelas suas perseguições, seus exílios, suas prisões, suas cartas seladas[2], suas torturas e suas fogueiras. Lastimemo-nos, ao contrário, vendo que todos esses santos rigores, empregados em todos os séculos, não tiveram o efeito desejado. Tratemos de descobrir alguns meios mais seguros de extirpar as heresias e, sobretudo, não recorramos jamais à brandura nem a uma covarde *tolerância*, que, se está em conformidade com a humanidade, seria incompatível com o espírito da Igreja ou com o zelo com o qual um cristão deve arder, com o humor de um Deus terrível e com o caráter dos seus sacerdotes – que, para obterem o nosso respeito e as nossas homenagens, devem ser ainda mais terríveis e mais inexoráveis do que ele.

É com o mesmo pouco fundamento que os ímpios censuram os ministros do Senhor por essas querelas tão interes-

---

2. Em francês, *lettres de cachet*: cartas por meio das quais o rei, no Antigo Regime, ordenava prisões e exílios sem julgamento, especialmente dos membros da nobreza.

santes quanto sagradas, que são as causas mais frequentes das perturbações, das divisões, das perseguições, das guerras de religião e das revoluções que se vê ocorrerem cá embaixo. Será que esses cegos não veem que faz parte da essência de uma Igreja militante combater sempre? Se eles tivessem fé, eles veriam, sem dúvida, que a Providência, cheia de bondade para com as suas criaturas, quer salvá-las, que os sofrimentos e as desgraças são os verdadeiros caminhos da salvação, que a felicidade e a tranquilidade entorpeceriam as nações em uma indiferença perigosa para a Igreja e seus ministros, que é do interesse dos cristãos viver na miséria, na indigência e nas lágrimas, que é do interesse da religião que os seus sacerdotes disputem, que os seus seguidores lutem entre si, que os povos sejam infelizes neste mundo para serem felizes no outro. Todos esses desígnios importantes se descortinam para aqueles que têm a felicidade de ter uma fé bem viva. Nada é mais apropriado para cumprir esses mesmos desígnios do que as disputas teimosas entre os teólogos, que, para realizarem os projetos favoráveis da Providência, nos dão motivos para esperar que eles querelarão e que colocarão seus seguidores em luta até a consumação dos séculos.

Longe de criticar, como fazem a avareza e a cupidez dos ministros da Igreja, não deveriam mostrar o mais sincero reconhecimento por homens que se devotam por nós, que se encarregam das nossas propriedades – muitas vezes adquiridas por vias iníquas –, que nos desvencilham das riquezas que poriam infinitos obstáculos à nossa salvação? É para que as nações se salvem que o clero as despoja; ele não as mergulha na pobreza senão para desligá-las da Terra e dos seus benefícios perecíveis, a fim de ligá-las unicamente aos bens duradouros que as esperam no paraíso, se elas forem bem dóceis aos seus sacerdotes e bem generosas em relação a eles.

Quanto à inimizade pela ciência, que consideram ser um crime do clero, ela é formalmente prescrita pelas Santas Escrituras. A ciência enfatuaria os leigos, ou seja, os tornaria insolentes e pouco dóceis aos seus guias espirituais. Os cristãos devem permanecer em uma infância perpétua; eles devem ficar toda a sua vida sob a tutela dos seus sacerdotes, que não desejarão jamais senão o seu bem. A ciência da salvação é a única que é verdadeiramente necessária; para aprendê-la basta deixar-se conduzir. O que aconteceria com a Igreja se os homens resolvessem raciocinar?

E o que diremos das vantagens inestimáveis que resultam para os homens da teologia! Os santos padres estão perpetuamente ocupados em meditar pelos outros as eternas verdades. À força de divagar e de matutar, eles conseguem descobrir as ideias sem as quais as nações viveriam nas trevas do erro. À força de silogismos, eles conseguem extinguir para sempre o hediondo bom senso, desorientar a lógica mundana e calar a boca da razão, que jamais deve se misturar com os assuntos da Igreja. Com a ajuda dessa teologia, até mesmo as mulheres estão em condições de entrar nas querelas de religião, e o povo está a par das verdades necessárias à salvação.

Com relação à moral – que acusam os padres de perverter, de transformar em práticas e em cerimônias, de desprezar para eles mesmos ou de não ensinar aos homens –, eles não têm de maneira alguma necessidade de uma moral humana, que seria quase sempre incompatível com a moral divina e sobrenatural. As virtudes cristãs que os nossos sacerdotes nos ensinam seriam, portanto, feitas para serem comparadas com essas virtudes medíocres e desprezíveis que só têm como objetivo a felicidade da sociedade? Esta sociedade estaria, pois, destinada a ser feliz cá embaixo? Não seria preferível a ela ter a fé que a submete aos padres, a esperança que a sustenta nos males que lhe fazem, a caridade tão útil ao clero? Não será, portanto, suficiente para se salvar ser humilde, ou seja, bem submisso; ser devoto, ou seja, bem devotado a todos os santos caprichos da Igreja e se conformar com as práticas que ela ordena. Enfim, ser, sem delas nada compreender, bem zeloso para com as suas decisões? As virtudes sociais só são boas para os pagãos; elas se tornariam inúteis ou mesmo nocivas para os cristãos. Para se salvar, eles só têm necessidade da moral dos seus padres ou dos seus casuístas, que, bem melhor do que os filósofos, sabem aquilo que é preciso fazer para isso. As virtudes cristãs, a moral evangélica, as práticas de devoção e as cerimônias são muito produtivas para a Igreja. As virtudes humanas ou profanas não lhe dão nenhum proveito e são quase sempre muito contrárias aos seus desígnios.

Dessa forma, qual é o homem bastante ingrato ou bastante cego para se recusar a reconhecer os frutos que a sociedade colhe dessas contínuas pregações, dessas instruções reiteradas que nos dão alguns doutores zelosos, cuja penosa função é nos repetir incessantemente as mesmas verdades evangélicas que a pouca fé dos homens os impede de compreender? Há aproximadamente dezoito séculos as nações ouvem pregações, e nós temos motivos para crer que elas ainda as ouvirão por muito tempo. Se nos dizem que, apesar dos incríveis esforços dos nossos padres e dos nossos santos monges, quase não se veem melhoramentos, nós diremos que se trata de um efeito sensível da Providência, que olha sempre pelos seus sacerdotes e que percebe bem que se os homens se corrigissem, se eles tivessem leis mais sensatas, uma educação mais honesta, uma moral mais inteligível e uma política mais sábia, os padres não nos serviriam mais para nada. Entrou, sem dúvida, nos desígnios da Providência que os homens fossem sempre perversos para que os seus guias espirituais tivessem sempre o prazer de pregar para eles e de serem eternamente pagos pelas suas eternas instruções.

A política mundana e a moral profana estão, graças à nossa santa religião, inteiramente negligenciadas: a primeira consiste em se entender com os padres e a segunda, em se conformar exatamente com as práticas que eles ordenam. Isso é, sem dúvida, o suficiente para que a religião floresça e para que a Igreja prospere. Hoje em dia, toda a política consiste em se ligar por interesses com o clero e toda a moral consiste em escutá-lo.

Se os homens resolvessem um dia pensar seriamente na política ou na moral humana, eles bem poderiam dispensar a religião e os seus ministros. Porém, sem religião e sem sacerdotes, no que se transformariam as nações? Elas estariam seguramente condenadas. Nelas não haveria mais nem sacrifícios, nem conventos, nem expiações, nem penitências, nem confissões, nem sacramentos e nenhuma dessas práticas importantes ou dessas cerimônias interessantes das quais há tantos séculos experimentamos os bons efeitos, ou que fazem que as sociedades humanas sejam tão submissas ao sacerdócio. Se os homens chegassem a se persuadir de que precisam ser brandos, humanos, indulgentes e equitativos, não veríamos mais as discórdias, a intolerância, os ódios religiosos, as perseguições e as balbúrdias tão necessárias para a sustentação do poder da Igreja. Se os príncipes percebessem que é útil que os seus súditos vivam em união e que o bom senso e a justiça exigem que se tolere que cada um pense como quiser, desde que aja como homem honesto e como bom cidadão. Se esses príncipes, em vez do catecismo, fizessem que fosse ensinada uma moral inteligível, qual seria a necessidade das disputas teológicas, dos concílios, dos cânones, dos formulários, das profissões de fé, das bulas etc., que, no entanto, são tão necessários ao bem da religião e tão apropriados para incitar santos tumultos nos Estados? Enfim, se alguns seres racionais resolvessem um dia consultar a sua razão – que o sacerdócio tão sabiamente proscreve –, o que aconteceria com a fé, sem a qual nós sabemos que é impossível ser salvo?

Tudo isso nos prova evidentemente que a Igreja não tem nenhuma necessidade dessa moral humana e racional que se tem a temeridade de opor à moral divina evangélica e que poderia causar ao mesmo tempo a ruína da religião e do sacerdócio, que não podem de maneira alguma ser dispensados. Se os soberanos consultassem a razão, a equidade e os interesses fúteis de uma política terrestre, eles cuidariam da instrução dos povos, eles fariam leis sábias, eles tornariam os seus súditos racionais e seriam adorados entre eles. No pé em que estão as coisas, os príncipes, inimigos da idolatria, não têm tanto trabalho a fazer; basta que eles sejam devotos dos sacerdotes ou bem submissos a eles – os únicos que devem ser adorados – para que tudo caminhe da melhor maneira possível. A autoridade temporal só está em perigo quando a Igreja está descontente, e a partir daí, como se sabe, essa autoridade não pode mais ser legítima.

Quanto aos costumes religiosos dos súditos, os únicos que são necessários à Igreja, os padres sempre os proverão; eles os confessarão, os absolverão, lhes rezarão missas, lhes administrarão os sacramentos e, quando eles estiverem para morrer, lhes perdoarão facilmente todos os crimes da sua vida, desde que eles sejam bem generosos para com o clero. O que mais é possível desejar além de ir para o paraíso? Os padres têm as chaves dele. Assim, a moral dos padres é suficiente e qualquer outra moral é inútil ou perigosa. Ela eliminaria as absolvições, as indulgências, as expiações, os escrúpulos, as doações à Igreja – em poucas palavras, todas as coisas que contribuem para o poderio do sacerdócio e para a glória de Deus.

Dir-nos-ão, talvez, que os sacerdotes demonstram muitas vezes bastante desprezo pelas próprias virtudes que eles pregam aos outros; que se vê algumas vezes os pontífices, os eclesiásticos e os monges viverem na libertinagem e se entregarem abertamente a alguns vícios que a moral cristã condena (em poucas palavras, adotarem uma conduta oposta às suas lições). Respondo: 1º) que não cabe de maneira alguma aos leigos julgar os seus padres, que só devem prestar contas das suas ações a eles próprios. Respondo: 2º) que a caridade quer que, quando um sacerdote cometa o mal, nós jamais nos apercebamos disso. Respondo: 3º) que um padre, ao cometer alguma ação que nos parece criminosa, pode muitas vezes estar fazendo o bem, e nós perceberíamos isso se tivéssemos mais fé. Se, por exemplo, um monge deixa as suas sandálias na porta de uma mulher (como acontece na Espanha), seu marido deve supor que ele trabalha pela salvação da sua mulher. Se ele os surpreende *em flagrante delito*, deve agradecer a Deus, que quer assim pô-lo à prova ou afligi-lo por intermédio de um dos seus servidores, que encontra-se por ali para prestar um enorme serviço a ele próprio. Além disso, se, mesmo que seja algo impossível, alguns padres carecessem de bons costumes, é preciso sempre se lembrar de *fazer aquilo que eles dizem e não aquilo que eles fazem*. É preciso ter indulgência para com homens que são de carne e osso como os outros. Deus lhes permite cair algumas vezes para ensinar os leigos a desconfiar das suas próprias forças, já que os próprios padres estão sujeitos a cair[3].

Em poucas palavras, a venda da fé deve sempre nos impedir de perceber os desregramentos do clero. O manto da

---

3. Em todos os tempos e em todos os países, os sacerdotes desfrutaram – *por direito divino e por direito natural* – do direito de serem dissolutos. Os padres cristãos o exercem muito abertamente na Espanha, em Portugal, na Itália e em toda parte onde a Igreja é devidamente respeitada, ou seja, onde as pessoas têm muita fé. Esse direito é para eles, sem dúvida, bem mais adquirido do que para os sacerdotes idólatras, que muitas vezes desfrutaram dele. As mulheres da Babilônia eram forçadas a ir uma vez na vida se prostituir no templo da Vênus Assíria. O sumo sacerdote de Calicute tem as primícias da mulher do seu soberano. Para santificar o casamento, nossos padres deveriam ter as primícias das mulheres dos leigos, ou pelo menos os párocos deveriam ter o dízimo das filhas dos seus paroquianos. (N. A.)

caridade é feito para encobri-los. Todo cristão que estiver provido dessas duas importantes peças não encontrará nada de chocante, ou que não possa ser justificado, na conduta dos ministros da Igreja. Aquele que não tem uma boa opinião sobre os sacerdotes do Senhor torna-se logo um ímpio; desprezar o clero é desprezar a Igreja; desprezar a Igreja é desprezar a religião; desprezar a religião é desprezar o Deus que é o seu autor. De onde concluo que desprezar os padres é ser um incrédulo, um ateu, ou – o que é ainda pior – é ser um filósofo.

É evidente que um homem que pensa assim com relação ao clero não pode ter nem fé, nem lei, não pode ser virtuoso, não pode ser bom cidadão, bom pai, bom marido, bom amigo, bom soldado, bom magistrado, bom médico etc. Em poucas palavras, ele só presta para ser queimado, a fim de impedir que os outros imitem a sua maneira de pensar.

Essas reflexões sumárias devem ser suficientes para nos fazer perceber as imensas obrigações que temos para com o clero; vou recapitulá-las em poucas palavras. É à ambição tão legítima dos padres que nós devemos os contínuos combates entre o sacerdócio e o império, que, para o bem de nossas almas, há tantos séculos têm desolado os Estados, extraviado a política humana e tornado os governos fracos e vacilantes. É à coligação entre o sacerdócio e o império que os povos, em diversos países, devem o despotismo, as perseguições e as santas tiranias que têm devastado – *para a maior glória de Deus* – as mais florescentes regiões. É às santas querelas que os sacerdotes têm uns com os outros que nós devemos as heresias e as perseguições aos heréticos. É às heresias que nós devemos a santíssima Inquisição, suas fogueiras e suas torturas, assim como os exílios, os aprisionamentos, os formulários, as bulas etc. – que, como se sabe, corrigem perfeitamente os erros e impedem que eles se propaguem. É ao zelo do sacerdócio que devemos as revoluções, as sedições, as guerras de religião, os regicídios e os outros espetáculos edificantes que há dezoito séculos a religião proporciona aos seus filhos queridos. É à santa avidez do sacerdócio que os povos devem a ditosa indigência e esse desencorajamento salutar que sufocam a industriosidade em toda parte onde os sacerdotes são poderosos. É à sua louvável inimizade pela ciência que devemos o pouco progresso dos espíritos nos conhecimentos mundanos e seus imensos progressos na teologia. É à sua moral totalmente divina que devemos a ditosa ignorância que temos sobre a moral humana, que seria bom esquecer. É aos seus casuístas que devemos essa moral maravilhosa e calculista que nos torna, sem grandes despesas, os amigos de Deus. Enfim, é aos seus próprios vícios, às suas santas rixas, que devemos as provações que nos conduzirão à salvação.

Juntem a tudo isso as preces ardentes, as instruções caritativas e a educação maravilhosa das quais há tantos séculos as nações colhem visivelmente os frutos, e vocês reconhecerão, meus irmãos, que vocês nunca poderiam fazer o bastante por homens que se devotam pelo nosso bem neste mundo e aos quais, segundo toda a aparência, nós deveremos um dia a felicidade eterna em troca daquilo de que eles nos privam cá embaixo.

Assim, que todo bom cristão se compenetre de um profundo respeito pelos sacerdotes do Senhor, que ele sinta as imensas obrigações que tem para com eles. Que os príncipes os ponham no trono, a seu lado ou, antes, que cedam a eles um lugar que não pode ser mais dignamente ocupado; que eles comandem igualmente os soberanos e os súditos. Que, investidos de um poder ilimitado, todas as suas vontades sejam aceitas sem queixa pelas nações dóceis. Eles não podem jamais abusar do seu poder, que tenderá sempre necessariamente ao bem-estar da Igreja, que nunca deixará de ser uma única e mesma coisa que o clero.

Com efeito, não nos enganemos quanto a isso, meus caros irmãos: a Igreja, a religião e a própria Divindade são palavras que não designam senão o sacerdócio, encarado sob diferentes pontos de vista. A Igreja é um nome coletivo para designar o corpo dos nossos guias espirituais. A religião é o sistema de opiniões e de conduta imaginado por esses guias para vos conduzirem mais seguramente. À força de teologia, a própria Divindade se identificou com os vossos padres, ela não reside mais senão no cérebro deles, ela só fala pela sua boca, ela os inspira sem cessar, ela não os desmente jamais.

De onde vedes que os vossos padres são aquilo que vós conheceis de mais sagrado no universo. Esses padres formam a Igreja. A Igreja decide sobre o culto e a religião; a religião é a obra da Igreja na qual Deus ou o espírito de Deus não pode se dispensar de residir. De acordo com essas verdades tão evidentes, às quais a incredulidade mais audaciosa não pode se recusar, vós vedes que os direitos do clero são verdadeiramente *direitos divinos*, já que eles não são senão os direitos da própria Divindade. Os interesses do clero são os interesses do próprio Deus. Os direitos, os interesses e a causa do clero não podem ser separados dos da Divindade, que reside neles do mesmo modo que a alma reside no corpo e é afetada por tudo aquilo que causa impressão sobre esse corpo. Em poucas palavras, Deus, a religião e a Igreja são a mesma coisa que os padres. É dessa trindade que resulta o ser único que chamamos de *clero*.

Fixando ou simplificando assim as vossas ideias, meus caríssimos irmãos, todo o sistema da religião se descortinará sem nuvens diante dos vossos olhos. Vós compreendereis que o culto divino é a homenagem que o clero julga necessário impor às nações. Vós percebereis que os nossos dogmas são as opiniões desse mesmo clero; vós vereis que a teologia é o encadeamento dessas mesmas opiniões; vós entendereis que as disputas do clero sobre os dogmas provêm da pouca harmonia que subsiste algumas vezes entre Deus, que é a alma da Igreja, e os padres, que são o seu corpo. Vós reconhecereis que Deus, a religião e a Igreja devem mudar de opinião algumas vezes, já que o clero é forçado a mudá-la. Vós compreendereis que obedecer a Deus, à religião e à Igreja é obedecer ao clero e, por conseguinte, que se insurgir contra o clero é revoltar-se contra o céu; maldizê-lo é blasfemar; desprezá-lo é ser ímpio; atacá-lo é atacar o próprio Deus; tocar naquilo que lhe pertence é cometer um sacrilégio. Enfim, vós sentireis que não acreditar no clero é ser *ateu*, é não crer no próprio Deus.

Monarcas! Poderosos da Terra! Nações! Tombai, pois, tremendo na poeira aos pés dos vossos sacerdotes divinos. Beijai as marcas dos seus passos; enchei-vos de um santo pavor. Profanos! Quem quer que sejais vós, rastejai como insetos diante dos ministros do Altíssimo. Não erguei jamais uma fronte audaciosa diante dos senhores do vosso destino; não dirigi jamais um olhar curioso para o santuário temível, nem sobre os importantes mistérios dos vossos guias sagrados. Tudo aquilo que eles dizem é verdade; tudo aquilo que eles ordenam é útil e sábio; tudo aquilo que eles exigem é justo; tudo aquilo que eles ensinam são as sentenças do céu – seria um crime hediondo examiná-las. Soberanos! Mostrai o exemplo da obediência, do temor, do respeito mais servil.

Súditos! Quando os vossos padres o exigirem, forçai os vossos soberanos a se curvar sob o jugo. Príncipes da Terra, vosso poder depende da vossa submissão aos ministros do céu. Desembainhai, pois, a espada por eles, exterminai por eles, empobrecei vossos povos para fazê-los viver no esplendor e na abundância. Nações! Despojai-vos vós mesmas para acumular vossas riquezas perecíveis sobre homens totalmente divinos, os únicos a quem a Terra pertence. Caso contrário, receai a vingança dos ministros enfurecidos do Deus da vingança. Pensai que ele está encolerizado com a raça humana; pensai que os seus benefícios não são devidos senão às preces de seus favoritos, diante dos quais vós jamais podereis vos rebaixar o suficiente. Enfim, lembrai-vos sempre de que não é senão por meio das recomendações deles e do seu crédito que vós podereis entrar na morada da glória e merecer a eterna felicidade, a única que é digna de ocupar os vossos pensamentos. Vós somente a obtereis vos tornando infelizes cá embaixo, somente tornando os vossos padres felizes, somente vos submetendo sem exame a todas as suas vontades: eis aí o caminho da felicidade que eu vos desejo, em nome do Pai, do Filho e do Espírito Santo.

Assim seja.

Teologia portátil

A

AARÃO. Sumo sacerdote dos hebreus, digno irmão de Moisés e o perfeito modelo dos nossos padres modernos. Ele fez que adorassem – e ele próprio adorou – o bezerro de ouro, no que foi bastante imitado por seus sucessores no sacerdócio. O povo de Israel foi punido pela tolice do seu sacerdote, que não foi ele próprio castigado por causa das imunidades do clero. Aarão, por ter carecido de fé, foi excluído da Terra Prometida, e é para imitá-lo que os nossos padres nem sempre acreditam nas belas coisas que eles nos dizem. Apesar dessas ninharias, Deus – que sabe tudo aquilo que vale um sumo sacerdote – se interessava tão vivamente por ele que contou até os guizos que ele devia levar no seu casaco. Isso deve nos fazer sentir que nada daquilo que toca aos sacerdotes é indiferente a Deus.

ABADE. É um pai espiritual que usufrui dos rendimentos temporais vinculados a uma abadia, com a condição de rezar seu breviário, de atormentar seus monges e de falar contra eles. Nem todos os abades deste mundo desfrutam de uma abadia, embora eles tenham muita vontade disso. Vários desfrutam apenas do direito de andar vestidos de negro, de usar uma gola larga e de espalhar as novidades.

ABADIAS. Asilos sagrados contra a corrupção do século, que, em tempos de fé viva, foram fundados e dotados por santos bandoleiros, destinados a receber um certo número de cidadãos ou de cidadãs muito úteis, que se dedicam a cantar, a comer e a dormir – tudo isso para que os seus concidadãos trabalhem com sucesso.

ABNEGAÇÃO. Virtude cristã que é o efeito de uma graça sobrenatural. Ela consiste em odiar a si próprio, em detestar o prazer e em temer como a peste tudo aquilo que nos é agradável – o que se torna muito fácil por pouco que se tenha uma dose de graça eficaz ou suficiente para entrar em demência.

ABRAÃO. É o pai dos crentes. Ele mentiu, ele foi corno, ele cortou o seu prepúcio, e demonstrou tanta fé que, se um anjo não tivesse intervindo, ele cortaria a jugular do próprio filho, que o bom Deus, por gracejo, lhe havia dito para imolar. Como consequência, Deus fez uma aliança eterna com ele e com a sua posteridade. Porém, o filho de Deus anulou depois esse tratado, por boas razões que o seu papai não havia pressentido.

ABSOLVIÇÃO. É a remissão dos pecados que foram cometidos contra Deus. Os padres da Igreja Romana a concedem aos pecadores em virtude de uma carta branca da Divindade. Invenção muito cômoda para deixar bem à vontade alguns patifes timoratos que bem poderiam conservar alguns remorsos se a Igreja não tivesse o cuidado de tranquilizá-los.

ABSTINÊNCIAS. Práticas muito santas ordenadas pela Igreja. Elas consistem em se privar dos benefícios da Providência, que só criou as boas coisas para que as suas queridas criaturas não fizessem nenhum uso delas. Vê-se que, ao ordenar as abstinências, a religião corrige sabiamente a imensa bondade de Deus.

ABSURDOS. Não pode haver esse tipo de coisa na religião. Ela é a obra do Verbo ou da razão divina, que, como se sabe, nada tem em comum com a razão humana. É por falta de fé que os incrédulos acreditam encontrar alguns absurdos no cristianismo. Ora, carecer de fé é, sem dúvida, o cúmulo do absurdo. Para fazer que desapareçam do cristianismo todos os absurdos, não é preciso senão estar habituado a eles desde a infância e jamais examiná-los. Quanto mais uma coisa é absurda aos olhos da razão humana mais ela é conveniente à razão divina ou à religião.

ABUSO. Alguns deles às vezes se introduzem na Igreja, apesar dos cuidados vigilantes da Divindade. Deixa-se para reformar esses abusos apenas quando eles provocam muita chiadeira. Além disso, são apenas algumas pessoas sem fé que se apercebem deles; aqueles que têm bastante dela não os notam jamais.

ADÃO. Foi o primeiro homem. Deus fez dele um grande pateta que, para agradar à sua mulher, fez a besteira de morder uma maçã que os seus descendentes ainda não puderam digerir.

ADVENTO. Tempo de jejuns, de mortificações e de tristeza, durante o qual os bons cristãos se desolam com a proximidade da chegada do seu libertador.

ÁGNUS-DEI. Pequenos bolos de cera benzidos pelo próprio papa e que, por conseguinte, receberam em primeira mão a virtude miraculosa de afastar os sortilégios, os encantamentos e as tempestades. É por isso que os raios jamais caem nos países que estão providos desta santa mercadoria.

ÁGUA BENTA. Era chamada de *água lustral* entre os pagãos, mas os nossos padres a tornam muito santa e muito cristã – e muito eficaz – com a ajuda de alguns encantamentos que se encontram nos sagrados livros de magia e se chamam *rituais*.

ALIANÇAS. Deus, que é imutável, fez duas alianças com os homens. A primeira, que ele tinha jurado que devia ser eterna, já não subsiste há muito tempo. A segunda durará, segundo as aparências, enquanto agradar a Deus ou aos seus padres ou à corte.

ALIENAÇÃO. Os bens eclesiásticos não podem de maneira alguma ser alienados; os padres são apenas os seus guardiões. É Deus o seu proprietário; porém, ele é sempre menor de idade e está sob a tutela da Igreja. Só é permitido aos padres alienar o seu espírito ou, então, o dos devotos que escutam as suas santas lições.

ALIMENTOS. Nada é mais importante para a salvação do que o cuidado na escolha dos seus alimentos. A Igreja Romana, como boa mãe, se interessa pela saúde dos seus filhos: ela lhes prescreve um regime e os coloca frequentemente em dieta. Cf. *Jejum* e *Magro*.

ALMA. Substância desconhecida que age de uma maneira desconhecida sobre o nosso corpo, que nós praticamente não conhecemos. Devemos concluir disso que a alma é espiritual. Ora, ninguém ignora aquilo que é ser espiritual. A alma é a parte mais nobre do homem, já que é aquela que nós menos conhecemos. Os animais não têm alma, ou a têm apenas material. Os padres e os monges têm alma espiritual, mas alguns dentre eles têm a malícia de não a mostrar, o que eles fazem, sem dúvida, por pura humildade.

ALTARES. São as mesas de Deus, que, enjoado de todas as iguarias com as quais outrora se regalava, quer hoje em dia que os seus sacrificadores lhe sirvam o seu próprio filho, que eles mesmos comem em seguida ou fazem que os outros comam, reservando para si, como é de direito, o molho. Com a visão desse delicioso repasto, a cólera do Padre Eterno é desarmada. Ele é amigo de coração de todos aqueles que vêm comer o seu querido filho nas suas barbas.

O altar, em um sentido figurado, é sempre oposto ao trono, o que significa que os sacerdotes muitas vezes "viram a mesa" com os soberanos. Todavia, quando a Igreja é atacada, é bom gritar que *estão solapando o trono e o altar*. Isto torna a Igreja interessante, isso faz que o soberano se acredite, por consciência, obrigado a entrar na sua querela e a se interessar por ela, mesmo contra os seus próprios interesses. Quando os príncipes têm muita fé, é fácil fazê-los entender que, quando se deseja o mal aos padres, é a eles mesmos que se deseja o mal.

AMOR. Paixão maldita que a natureza inspira em um sexo pelo outro, depois que ela se corrompeu. O Deus dos cristãos não é nada galante; ele não aceita o mínimo gracejo sobre as coisas do amor. Sem o pecado original, os homens teriam se multiplicado sem amor e as mulheres engravidariam pelo ouvido.

AMOR DIVINO. É a afeição sincera que todo bom cristão, sob pena de ser danado, deve ter por um ser desconhecido que os teólogos tornaram o mais malvado que eles puderam, para exercitarem a sua fé. O amor a Deus é uma dívida; nós lhe devemos muito, sobretudo por nos ter dado a teologia.

AMOR-PRÓPRIO. Disposição fatal pela qual o homem corrompido comete a loucura de amar a si mesmo, de querer se conservar e de desejar o seu bem-estar. Sem a queda de Adão, nós teríamos tido a vantagem de detestar a nós mesmos, de odiar o prazer e de não pensar na nossa própria conservação.

ANACORETAS. Homens muito santos, justamente estimados na Igreja, que para serem mais perfeitos se afastaram do trato com os humanos, no temor de terem a infelicidade de lhes servir para alguma coisa.

ANATAS[1]. Os soberanos católicos permitem muito sabiamente que um padre estrangeiro espolie os padres dos seus Estados. Sem isso, estes últimos não poderiam legitimamente exercer o direito divino de espoliar seus concidadãos.

ANÁTEMAS. Imprecações caritativas que os ministros do Deus da paz lançam contra aqueles que lhes desagradam, destinando-os, para o bem de sua alma, a alguns suplícios eternos – quando eles não podem fazer que o corpo sofra alguns suplícios temporais.

ANJOS. Emissários do gabinete celeste que Deus envia aos seus favoritos. Sem os anjos, Deus estaria reduzido a incumbir-se pessoalmente dos seus negócios. Cada cristão tem a vantagem de ter um *anjo guardião*, que o impediria de fazer muitas tolices se isso não prejudicasse o livre-arbítrio. Os arcanjos estão para os anjos

---

1. A anata era uma taxa cobrada pelo papa pela nomeação de novos bispos e abades. Ela era equivalente a um ano dos rendimentos proporcionados por esse benefício.

assim como os nossos arcebispos estão para os bispos: a Divindade serve-se deles nas missões importantes.

ANTIGUIDADE. Ela jamais pôde se enganar; a antiguidade é sempre uma prova indubitável da validade de uma opinião, de um costume, de uma cerimônia etc. É muito importante não inovar em nada: os sapatos velhos são mais confortáveis do que os novos, e os pés não ficam incomodados com eles. O clero não deve jamais largar aquilo que ele sempre praticou. A Igreja mais velha é a menos sujeita a cometer desvarios.

ANTILOGIAS. Termo teológico para designar as contradições que se encontram, às vezes, na palavra de Deus. Essas contradições nunca são senão aparentes; elas nunca saltam aos olhos a não ser dos cegos. Aqueles que são esclarecidos pela fé veem imediatamente que Deus não poderia contradizer a si próprio – a menos que os seus ministros lhe façam mudar de opinião.

ANTÍPODAS[2]. É uma heresia acreditar neles. Deus, que fez o mundo, devia saber como ele era. Ora, ele mesmo não acreditava nisso, como se pode ver pelos seus livros.

---

2. Pessoas que habitam o extremo oposto do planeta, em relação a quem as considera. O caráter herético consiste no fato de que isso supõe que a Terra é um globo.

ANTROPOLOGIA. Maneira de se expressar dos escritores sacros. Ela consiste em supor olhos, mãos, paixões, perfídias e malícias no puro espírito que governa o universo com a sua bondade. Deus fez os homens à sua imagem, e os padres fizeram Deus à imagem dos padres. É por isso que nós o achamos tão encantador.

ANUNCIAÇÃO. Visita de cerimônia de um puro espírito, quando ele foi levar as suas felicitações a uma virgem da Judeia[3]. Disso resultou um fedelho tão grande quanto o seu papai, que não deixou de causar um certo alvoroço no mundo – sem contar aquele que nós temos motivos para esperar que ainda pode ser causado por ele caso os homens continuem sendo tão sábios quanto eles eram.

APARIÇÕES. Visões maravilhosas que aquele a quem Deus concedeu a graça especial de ser descerebrado, ter vapores histéricos, más digestões e de mentir descaradamente possui a vantagem de ter.

APELAÇÃO POR ABUSO. Uso ímpio e injurioso para a Igreja. Ele está maldosamente estabelecido em alguns países, nos quais se tem a temeridade de apelar aos juízes

---

3. Existe, no original, um trocadilho dando a entender que o espírito "levantou as saias" da virgem.

profanos contra as decisões dos juízes sagrados – que são, como se sabe, incapazes de abusar do seu ministério ou de decidir mal.

APELANTES. São, na França, alguns jansenistas que sabiamente apelaram contra a bula *Unigenitus* ao futuro Concílio geral, que decidirá definitivamente as disputas sobre a graça. Segundo as últimas notícias, estão seguros de que esse concílio será realizado sem falta na véspera do Juízo Final.

APOCALIPSE. Livro muito respeitável e muito curioso das Santas Escrituras, que Newton[4] comentou. Ele contém alguns santos contos inventados por São João, que são um pouco menos alegres do que os de La Fontaine, mas bem mais apropriados para virar a cabeça das crianças grandes que os leem. Durante três séculos, a Igreja grega, à qual pertencia o apóstolo São João, julgou o Apocalipse um livro apócrifo. Porém, os padres latinos, que estavam bem mais por dentro do assunto, o consideraram sagrado, o que parece decisivo para a sua canonicidade.

---

4. Trata-se do físico e filósofo inglês Isaac Newton (1642-1727), que também se interessava por temas religiosos.

APÓSTOLOS. São doze patifes muito ignorantes e tratantes como ratos de igreja que compunham a corte do filho de Deus na Terra, e que ele incumbiu do cuidado de instruir todo o universo. Seus sucessores obtiveram depois um êxito brilhante com a ajuda da teologia – que seus antecessores, os Apóstolos, não haviam estudado. Aliás, o clero, assim como a nobreza, é feito para adquirir mais lustre à medida que se afasta da sua primeira origem ou que se parece menos com os seus antepassados.

ARCEBISPO. Título desconhecido nos primeiros séculos da Igreja, mas inventado depois pela humildade dos pastores, que, após terem montado nas costas dos profanos, buscaram montar pouco a pouco nas costas uns dos outros, para melhor verem aquilo que se passa no aprisco de Jesus Cristo.

ARMAS. Os clérigos não podem portá-las, mas eles podem pô-las – em caso de necessidade – nas mãos dos leigos, para que estes se entreguem a combates que o clero se diverte vendo do alto do monte Pagnot[5], de onde ele eleva ao céu as suas mãos sagradas, a fim de implorar

---

5. Expressão francesa que significa assistir a um combate de um local onde não se corre perigo.

auxílio em favor daqueles que combatem pelos seus direitos divinos ou pelas suas santas fantasias.

ARREPENDIMENTO. Para obter a remissão dos seus pecados, um cristão deve sentir um arrependimento muito sincero por ter cometido algumas ações que lhe deram um grande prazer. Um ato de contrição é suficiente para recolocá-lo de bem com Deus, o que é infinitamente cômodo para todos aqueles que não têm nenhuma intenção de mudar de conduta.

ASILO (DIREITO DE). Em diversos Estados verdadeiramente cristãos, as igrejas e os mosteiros desfrutam do direito de fornecer um abrigo seguro aos ladrões, aos trapaceiros e aos assassinos, para subtraí-los ao rigor das leis: uso muito vantajoso para a sociedade e que deve tornar os ministros da Igreja muito queridos por todos os patifes.

ASNOS. Animais de orelhas compridas que são pacientes e travessos. Eles são os verdadeiros modelos dos cristãos, que devem se deixar arrear e carregar a cruz como eles. Jesus montou num asno que não lhe pertencia, quando fez sua gloriosa entrada em Jerusalém, ação por meio da qual ele quis anunciar que os seus padres teriam o direito de montar e de pôr arreios nos cristãos e nas cristãs até a consumação dos séculos. *Este artigo é do sr. Fréron*[6].

ASSASSINATO. Um caso de polícia para os leigos, mas de foro privilegiado para os clérigos. Estes, em algumas regiões, desfrutam do direito de roubar e de assassinar sem poderem ser condenados pela justiça comum. Além disso, sabemos que a Igreja goza, por direito divino, do direito de assassinar os heréticos, os tiranos e os descrentes – ou pelo menos do direito de fazer que eles sejam assassinados pelos leigos, já que ela abomina o sangue.

ASSOMBRAÇÕES. Os espíritos fortes[7] não acreditam nisso, mas todo bom cristão é obrigado a crer nelas. O Espírito Santo acreditou nelas no Antigo Testamento. É, portanto, uma heresia não crer nelas hoje em dia. Além disso, as assombrações causam medo – e tudo aquilo que causa medo é sempre muito útil ao clero.

---

6. Élie (ou Jean) Fréron (1719-76): Escritor e jornalista francês, defensor da religião e violento adversário dos filósofos – especialmente de Voltaire, que o imortalizou no seguinte epigrama: "No outro dia, no fundo de um valão,/ Uma serpente picou Jean Fréron./ Sabe você o que aconteceu?/ Foi a serpente quem morreu". Essa referência a Fréron pode estar ligada ao fato de ele ter sido editor de uma célebre publicação intitulada *O ano literário,* que Voltaire chamava zombeteiramente de *O asno literário.*
7. Segundo o *Dicionário da Academia Francesa* (5ª edição, 1798), os espíritos fortes são "aqueles que, por uma louca presunção, querem se colocar acima das opiniões e das máximas aceitas, sobretudo em matéria de religião".

ATEUS. Nome que os teólogos conferem bastante liberalmente a quem quer que não pense como eles sobre a Divindade, ou que não acredite que ela seja assim como eles a compuseram no oco dos seus infalíveis cérebros. Geralmente, um ateu é qualquer homem que não acredita no Deus dos padres. Cf. *Deus*.

ATRIBUTOS DIVINOS. Qualidades inconcebíveis que, à força de tanto pensar nisso, os teólogos decidiram que deveriam necessariamente pertencer a um ser do qual eles não têm nenhuma ideia. Essas qualidades parecem incompatíveis para aqueles que carecem de fé, mas elas são fáceis de conciliar quando não se reflete sobre isso. Os atributos negativos com os quais a teologia gratifica a Divindade nos ensinam que ela não é absolutamente nada daquilo que podemos conhecer, o que é muito apropriado para fixar as nossas ideias.

ATRIÇÃO. Termo teológico que designa o arrependimento que um cristão tem pelos seus pecados, considerando os castigos pelos quais eles podem ser seguidos. Esse arrependimento é suficiente para apaziguar Deus, segundo os jesuítas, mas não basta, de maneira alguma, segundo os jansenistas. Deus nos informará um dia, sem dúvida, com qual dos dois ele concordou.

ÁUGURES. Nossos áugures modernos devem rir muito todas as vezes em que eles se encontram, ou quando, com o copo na mão, eles refletem sobre a tolice daqueles que não pertencem ao colégio dos áugures.

AUSTERIDADES. Meios engenhosos que os perfeitos cristãos imaginaram para atormentar a si próprios, a fim de dar um grande prazer ao Deus da bondade: ele fica sempre encantado com o espírito que os seus queridos filhos demonstram nesses tipos de invenções. As austeridades têm, além disso, a vantagem de fazer que se arregalem os olhos daqueles que são testemunhas dessas maravilhosas loucuras; elas parecem muito sábias para todos aqueles que têm a simplicidade da fé.

AUTO DE FÉ. Ato de fé, apetitoso regalo que se oferece de tempos em tempos à Divindade. Ele consiste em fazer cozinhar cerimonialmente alguns hereticos ou alguns judeus, para o bem maior das suas almas e para a edificação dos espectadores. Sabe-se que o Pai das misericórdias sempre teve um gosto manifesto pelos grelhados.

AUTORIDADE ECLESIÁSTICA. É a faculdade da qual desfrutam os ministros do Senhor de convencer da validade das suas decisões, da autenticidade dos seus direitos e da sabedoria das suas opiniões, com a ajuda das prisões, dos soldados, dos feixes de lenha e das cartas seladas.

AVAREZA. Pecado capital nos leigos, que devem sempre se mostrar generosos para com a Igreja. Quanto à Igreja, ela não deve se gabar de generosidade; seus bens são do seu marido, que resmungaria se a sua mulher tratasse com demasiada liberalidade alguns leigos tratantes, que ela não deve mimar.

AVE-MARIA. Cumprimento elegante e bem dado que o anjo Gabriel fez, da parte de Deus Pai, à Virgem Maria, que ele iria *toldar* ou cobrir. Essa virgem, depois da sua morte ou assunção, fica muito lisonjeada todas as vezes em que lhe recordam essa garbosa aventura, que lhe dá muita honra.

ÁZIMO (PÃO). Elevou-se outrora uma importante discussão na Igreja para saber se Deus preferia ser transformado em pão fermentado ou em pão *ázimo* ou sem fermento. Essa grande questão, depois de ter por muito tempo dividido o universo, foi felizmente decidida: uma porção dos cristãos faz uso do pão fermentado e a outra se serve do pão *ázimo* ou sem fermento.

B

BABEL (TORRE DE). Parábola ou alegoria por meio da qual a Bíblia, segundo todas as aparências, quis designar profeticamente a teologia, dando a entender que todos aqueles que quisessem se elevar até Deus e raciocinar sobre a sua essência não se entenderiam do mesmo modo que um hotentote[1] e um francês, que um baixo-bretão e um suíço, que um pároco e o seu senhor, que um molinista e um jansenista.

BÁCULO. É o *lituus*, o cajado augural dos romanos que, nas cerimônias da Igreja, é usado pelos bispos ou pelos abades que têm esse direito. Ele é feito para anunciar aos cristãos que eles são verdadeiras ovelhas que não têm nada de melhor a fazer do que se deixarem tosquiar bem pelos seus sagrados pastores.

BALAÃO. Falso profeta cuja asna tinha, dizem, a faculdade de falar – o que é encarado pelos espíritos fortes como uma história para boi dormir. No entanto, esse milagre se perpetua na Igreja, na qual nada é mais comum do que ver asnos e asnas falarem e mesmo raciocinarem sobre a teologia.

---

1. Povo pastoril do sul da África.

BANCOS. Assentos de madeira sobre os quais os teólogos colocam o traseiro sagrado e que, muitas vezes, eles atiram na cabeça uns dos outros nas conferências amistosas e polidas que têm sobre a religião.

BARRETE. Dizem que é *o extintor do bom senso*. Cobre-se ridiculamente o pericrânio de um doutor com um chapéu quadrangular para fazer que ele sinta que a sua função será doravante extinguir nos outros a razão – que, à força de tanto estudar, ele felizmente conseguiu extinguir em si próprio.

BASTARDOS. São os joões-ninguém cujos pais não pagaram à Igreja para adquirir o direito de se deitarem juntos. Como consequência da sábia jurisprudência introduzida pelo pecado original, os bastardos devem ser punidos pela culpa dos seus pais; eles são privados das vantagens de que desfrutam os filhos daqueles que pagaram para se deitar.

BATISMO. Sacramento indispensavelmente necessário à salvação. Deus não admitirá ninguém na sua glória a menos que uma vez na vida essa pessoa tenha recebido água fria atrás da cabeça. Essa água tem a virtude de lavar uma criança de um enorme pecado, expiado pelo filho de Deus, e que havia sido cometido alguns milhares de anos antes que os pais da criança pensassem em fabricá-la.

BEATA. Cf. *Devoção, Convento, Religiosas.*

BEATIFICAÇÃO. Ato solene pelo qual o pontífice romano, que recebe notícias seguras do outro mundo, declara ao universo que um monge, que ele não conheceu, desfruta da eterna felicidade e pode ser cumprimentado por isso.

BÊNÇÃOS. Magias, encantamentos, cerimônias mágicas pelas quais os ministros do Senhor, levantando dois dedos para o ar e murmurando santas conjurações, evocam o Todo-Poderoso e o forçam a abrir a torneira das suas graças sobre os homens e sobre as coisas – o que lhes faz instantaneamente mudar de natureza, enchendo, sobretudo, os bolsos do clero. Quando uma coisa é abençoada, ela é *sagrada*, ela deixa de ser profana. Não se pode mais tocá-la sem sacrilégio, sem profanação, sem merecer ser queimado.

BENEFÍCIOS. Rendas vinculadas a um ofício eclesiástico e recebidas em nome de Deus por um membro do clero – que, a partir do momento que dela é provido, a possui por *direito divino*, e não tem, por conseguinte, obrigações com ninguém. Só é permitido a um padre ter um único benefício; trata-se de uma das regras da Igreja que nós vemos ser mais fielmente respeitada.

BENS ECLESIÁSTICOS. São os bens pertencentes à Igreja, por conseguinte a Deus, que é o seu marido. Ela só o desposou com a condição da comunhão dos bens. Sem isso, ela nunca teria consentido em se ligar a um velho gagá, do qual ela não tem uma herança a esperar.

BÍBLIA. Livro muito santo, inspirado pelo espírito de Deus, que contém tudo aquilo que um cristão deve saber e praticar. É apropriado que os leigos não o leiam nunca; a palavra de Deus não deixaria de lhes causar dano. É bem melhor que os padres leiam a Bíblia para eles. Eles são os únicos que têm o estômago bastante forte para bem digeri-la. Os leigos devem se contentar com os produtos da digestão sacerdotal.

BISPO. Significa inspetor. É um padre que, sem mulher, tem, como alguns insetos, a faculdade de se reproduzir e de multiplicar a sua espécie. Cf. *Ordem do Universo*. O episcopado é um fardo tão penoso que é sempre contra a sua vontade que um abade da corte se encarrega dele. Ele é obrigado a vencer por três vezes a sua sincera repugnância por um bispado que solicitou por dez anos.

BLASFÊMIAS. Palavras ou discursos que vinculam a alguns objetos desconhecidos algumas ideias que não lhes convêm ou então que tiram deles aquelas que os padres decidiram que lhes convinham. De onde se vê que blasfemar é não ser da opinião do clero, aquilo que é evidentemente o mais hediondo dos crimes.

BOAS ALMAS. São aquelas que fazem bem à Igreja ou que têm o cuidado de manter cheia a bacia dos sacrificadores ou a panela sagrada[2].

BOFETADA. Quando alguém vos aplicar uma bofetada em uma face, é preciso bem rapidamente lhe estender a outra; esse é um segredo garantido para ser admitido no paraíso e para ser expulso do vosso regimento.

BONDADE. Perfeição divina. Deus é perfeitamente bom, sem nenhuma mistura de maldade. É verdade que, apesar da sua bondade, ele nos faz – ou permite que nos façam – o mal, mas isso não prova nada. Ele é sempre bom para os seus padres, e isso deve nos bastar.

BRAÇO SECULAR. São os soberanos, os magistrados, os soldados e os carrascos, aos quais a Igreja – para o bem

---

2. "Manter a panela cheia" é o mesmo que colaborar para a manutenção de uma casa.

dos seus filhos – entrega como mãe carinhosa todos aqueles que ela não tem a crueldade de massacrar por conta própria.

BREVIÁRIO. Coletânea de preces em belo latim, que os eclesiásticos possuidores de benefícios – a fim de ganhar o seu dinheiro – são obrigados a recitar todos os dias, sob pena de serem inúteis à sociedade.

BULAS. Fragmentos de pergaminho, revestidos com um selo de chumbo, que o Servidor dos Servidores de Deus expede – quando se trata de tirar dinheiro ou de provocar alguma ebulição nos países que têm necessidade de exercício. Sem a bula *Unigenitus*, a França teria estado, nos últimos cinquenta anos, no mais atroz entorpecimento.

C

CADEIRA ESTERCORÁRIA. Cadeira furada sobre a qual o papa recentemente eleito coloca o seu traseiro sagrado, a fim de que se tenha condições de verificar o seu sexo, para não incorrer no inconveniente de ser uma papisa[1].

CALAMIDADES. Tudo aquilo que a Providência permite que o gênero humano seja afligido não tem como objeto senão a vantagem do sacerdócio. Os povos jamais são mais devotos do que quando têm muito medo ou do que quando estão bem infelizes. Para que o clero tivesse motivos para estar contente, seria necessário que as calamidades – e, sobretudo, as epidemias e as pestes – fossem um pouco mais frequentes. Os padres poderiam então recolher as heranças ou pelo menos teriam o prazer de enterrar muita gente.

CALENDAS GREGAS[2]. Época determinada para a qual os padres remetem os fiéis, a fim de que estes verifiquem a eficácia do seu breviário, a autenticidade dos seus direitos e a utilidade das suas lições. Cf. *Futuro* e *Paraíso*.

---

1. De acordo com uma lenda, o uso dessa cadeira se originou da história de Joana, uma mulher que – disfarçada como homem – conseguiu ser eleita papa em meados do século IX, adotando o nome de João VIII.
2. O mesmo que "dia de São Nunca".

CALÚNIA. Meio muito legitimamente e muito santamente utilizado pelos padres, pelos devotos e, sobretudo, pelas devotas contra os inimigos dos seus confessores e da Igreja. Tudo isso para a maior glória do Deus da verdade.

CÂNONES. Regras e decisões por meio das quais alguns bispos reunidos em concílio fixam, até nova ordem, os dogmas invariáveis da fé e a disciplina da Igreja; explicam e corrigem a palavra de Deus; conferem a si mesmos títulos e direitos incontestáveis; anatematizam todos aqueles que ousaram duvidar deles e se fazem obedecer com sucesso – quando os canhões dos príncipes vêm em apoio aos cânones da Igreja[3].

CANÔNICOS (LIVROS). Assim são chamados os livros das Santas Escrituras contidos na Bíblia, reconhecidos pela Igreja, e que os seus sacerdotes viram com os seus próprios olhos serem escritos e compostos pelo próprio Espírito Santo.

CANONIZAÇÃO. Cerimônia solene pela qual o Santíssimo Padre, forçado pelos milagres de um santo homem falecido há mais de ccm anos – ou pelo dinheiro da-

---

3. Jogo de palavras. *Canons* tanto pode significar "canhões" quanto "cânones".

queles que se interessam pela sua reputação –, notifica que esse homem está no paraíso e que é possível, com a consciência tranquila, acender algumas velas em sua homenagem e dar uma gorjeta aos monges, seus confrades.

CÂNTICO DOS CÂNTICOS. Livro santamente licencioso que contém os amores de Deus com a sua Igreja. Eles são descritos tão decentemente que os judeus não ousavam lê-lo antes dos trinta anos. Os cristãos, à força de fé, acham nele com o que se edificar e se instruir.

CANTO. A Divindade tem um gosto manifesto pelo canto, desde que ele seja bem lúgubre e bem triste. É por isso que os cristãos gastam tanto dinheiro para fazer que lhe berrem noite e dia algumas salmódias tediosas para os ouvidos sem fé.

CAPUCHINHO. É um bode com dois pés, cheio de sujeira, de ignorância e de piolhos, que canta pelo nariz em seu convento e mostra-se nas ruas para edificar as senhoras idosas e causar medo às crianças pequenas.

CAPUZ. Pedaço de tecido de lã destinado a cobrir a nuca e a ciência contida em uma cachola monacal. A forma desse santo trapo causou, como se sabe, grandes debates na Igreja e fez que fossem queimadas várias centenas de monges encapuzados.

CARCAÇA. Cf. *Sorbonne.*

CARDEAL. É um padre todo de vermelho que, em virtude de um breve do papa, torna-se igual aos reis e se subtrai da sua obediência, a não ser no caso em que se trata de receber deles alguma graça, que ele tem a bondade de aceitar por pura complacência. Os cardeais se vestem de vermelho ou de cor de fogo para que jamais percam de vista o sangue que é preciso derramar para o bem da Igreja e os feixes de lenha que é preciso queimar para sustentar a fé.

CARIDADE. É a mais importante de todas as virtudes. Ela consiste em amar acima de todas as coisas um Deus que quase não conhecemos ou seus padres que nós conhecemos muito bem. Além disso, ela quer que amemos como a nós mesmos o nosso próximo – desde que, no entanto, ele ame a Deus ou aos seus padres e seja amado por eles. Sem isso, é conveniente matá--lo por caridade. Porém, a verdadeira caridade – e a mais essencial – consiste em molhar a mão dos padres; esta virtude, sozinha, é suficiente para cobrir todos os pecados.

CARMELITAS. Monges que, por uma graça especial ligada à sua ordem, têm alguns talentos ocultos, que eles poriam muito mais vezes em evidência se a fé não estivesse diminuindo sobre a Terra.

CARNAL. É aquilo que não é espiritual: os homens *carnais* são aqueles que não têm bastante espírito para perceber o mérito dos bens espirituais, pelos quais lhes dizem para renunciar à felicidade. Em geral, os homens carnais são aqueles que têm a infelicidade de ser compostos de carne e osso, ou de ter bom senso.

CARNE, A. Ela é sempre oposta ao espírito; é preciso mortificá-la, eis aí uma receita infalível para manter o espírito alegre. *A obra da carne* é como é chamada a fornicação. *O aguilhão da carne...* é... Cf. *Carmelitas*[4].

CARRASCO. É sempre o melhor cristão de um Estado e o cidadão mais ortodoxo. Ele é o amigo do clero, o defensor da fé, o homem mais útil aos padres ou à causa de Deus.

CASAMENTO. Estado de imperfeição do qual a Igreja, no entanto, fez um sacramento. Ele tem apenas uma coisa de bom: é valer dinheiro para os padres – que sabiamente

---

4. A célebre mística Santa Teresa era carmelita.

inventaram alguns impedimentos a fim de terem o prazer de dispensá-los em troca de dinheiro.

CASTIDADE. Virtude religiosamente respeitada pelos padres, pelos monges e pelas monjas da Itália, de Portugal e da Espanha, na qual seus votos extinguem para sempre os pruridos aos quais os profanos estão sujeitos.

CASUÍSTAS[5]. Algebristas espirituais que sabem calcular e reduzir a equações as tolices que um bom cristão pode fazer sem incomodar demais a Divindade.

CATECISMO. Coletânea de instruções piedosas, inteligíveis e necessárias que os padres têm o cuidado de inculcar nos pequenos cristãos para acostumá-los desde cedo a desatinar por toda a sua vida.

CATÓLICO. Significa "universal". A Igreja *Católica* ou universal é aquela da qual três quartos e meio do gênero humano jamais ouviu falar, e sobre a qual os padres, por um favor especial, quase nunca estão de acordo entre si – aquilo que prova claramente que as verdades que eles anunciam não foram de maneira alguma combinadas.

---

5. Teólogo que lida com os casos de consciência individuais, determinando a sua gravidade.

CAUSA DE DEUS. É a causa dos padres, que, como se sabe, são os seus advogados, os seus intendentes e os seus procuradores, mas que raramente recebem dele plenos poderes para resolverem os seus assuntos pela via da brandura.

CAUSAS FINAIS. Os teólogos são os confidentes da Divindade. Eles conhecem os motivos secretos de todas as suas ações e acham que é para o bem maior da espécie humana que existem as pestes, as guerras, as fomes, os percevejos, os mosquitos e as querelas teológicas sobre a Terra. Ao menos é certo que tudo aquilo que acontece neste mundo reverte sempre em proveito do sacerdócio; a Divindade jamais deixa de ter o seu clero em vista em tudo o que ela faz cá embaixo.

CELIBATO. Correção sabiamente feita pela Igreja Romana à ordem de se multiplicar que o próprio Deus tinha dado na Bíblia. Um bom cristão não deveria de maneira alguma se casar. Quanto aos padres, eles não têm necessidade de mulheres: os leigos têm bastante delas para eles. Um padre casado correria o risco de se unir aos interesses dos seus concidadãos, aquilo que não convém de maneira alguma aos desígnios santos e profundos da Igreja Católica Apostólica e Romana.

CEMITÉRIOS. Terrenos abençoados e descampados, onde – até a ressurreição dos mortos – a Igreja permite que os seus filhos falecidos apodreçam ao ar livre, quando eles não têm bastante dinheiro para adquirir o direito de apodrecer em um templo e de infectar os vivos. Como quase nenhum rico entra no paraíso, é honesto abrigá-los bem, em troca do seu dinheiro, enquanto eles esperam o juízo.

CENOBITAS. Monges que só vivem em comunidade a fim de estarem em condições de atormentar mais eficazmente uns aos outros e, por meio disso, merecer o céu – que não se obtém senão por aqueles que são atormentados cá embaixo.

CENSURAS. Qualificações infamantes dadas pelos teólogos às pessoas ou aos livros que não têm a felicidade de lhes agradar ou de concordar com as suas infalíveis ideias. Nós não presumimos que o nosso pequeno dicionário seja suscetível de censura.

CÉREBRO. Para ser um bom cristão, é muito importante não ter cérebro algum, ou tê-lo bem encolhido. É possível – com a ajuda de um confessor, de um preceptor e de um convento – tornar o cérebro de seus filhos assim. Cf. *Educação cristã, Catecismo, Convento* e *Universidades*.

CERIMÔNIAS. São alguns movimentos do corpo sabiamente ordenados pelos padres com o intuito de agradar a Deus. Elas são de uma importância tal que seria preferível que uma nação perecesse pelo ferro e pelo fogo a omitir ou modificar uma só delas. Cf. *Ritos*.

CERTEZA. Na religião, ela consiste na evidência de que os ungidos do Senhor jamais podem se enganar ou nos enganar. De onde se vê que a certeza teológica está mais bem fundamentada do que a certeza física, que só tem como fiadores os nossos sentidos – estes, sujeitos a nos enganar.

CÉU. País muito distante onde reside o Deus que enche o universo com a sua imensidade. É desse país que os nossos padres fazem vir, a baixo custo, os dogmas, os argumentos e as outras mercadorias espirituais e aéreas que eles vendem aos cristãos. É lá que, sentada sobre as nuvens, a Divindade – pelas ordens deles – espalha sobre as nossas terras os orvalhos ou os dilúvios, as chuvas brandas ou as tempestades, as calamidades ou as prosperidades e, sobretudo, as querelas religiosas, tão úteis à manutenção da fé. Existem três céus, como qualquer um sabe; São Paulo viu o terceiro, mas ele não nos deu um mapa desse país, o que embaraça bastante os geógrafos da Academia.

CHARLATÃES. São amigos sinceros do gênero humano, que jamais buscam senão o seu bem. Existem os sagrados e os profanos; estes últimos são patifes. Os outros são pessoas honestas que vendem – com privilégio do rei e do primeiro Médico das almas – a triaga[6] espiritual. Eles também costumam fazer a gentileza de nos tornar muito doentes, a fim de provar o valor do seu remédio. Cf. *Padres*.

CHAVES (PODER DAS). São os passaportes para o céu: Jesus Cristo entregou-as ele próprio à sua Igreja; só ela tem o direito de abrir e de fechar o paraíso. O papa é o seu porteiro: sem dinheiro, nada de porteiro.

CIBÓRIO (SANTO). Vaso sagrado no qual, para protegê-los dos ratos, os padres católicos guardam, para o caso de necessidade, um suprimento de pequenos Deuses[7] – que eles fazem que os cristãos comam quando estes forem muito sábios.

CIÊNCIA. Coisa muito perniciosa e que deveria ser banida de todo país cristão. A ciência dilata e, por conseguinte, impede que se esteja bastante magro para entrar no paraíso. A ciência da salvação é a única necessária; ela

---

6. Medicamento composto por uma grande variedade de substâncias, que os antigos julgavam ser um antídoto eficaz para qualquer veneno.
7. As hóstias.

não é difícil de adquirir: para tê-la, basta deixar que o clero faça como quiser.

CIRCUNCISÃO. O Padre Eterno – que, como se sabe, tem às vezes algumas fantasias – quis outrora que os seus amigos cortassem o prepúcio. Seu próprio filho foi submetido a essa bela cerimônia. Porém, depois, seu papai se abrandou; ele não quer mais o prepúcio dos seus amigos. Ele se contenta com que eles jamais façam uso dele. Cf. *Amor*.

CISMÁTICOS. Relativamente aos católicos romanos, são os cristãos que se recusam a reconhecer o papa como chefe da Igreja. Os imbecis não veem que São Pedro, que era papa e depois se tornou o porteiro do paraíso, não deixará de lhes fechar a porta na cara quando eles se apresentarem diante dele: não é possível se indispor com o porteiro ou com o zelador de uma casa na qual se deseja entrar.

CLÉRIGO. Nome genérico pelo qual se designa todo cristão que se consagrou ao serviço divino ou que se sente chamado a viver sem trabalhar, à custa dos patifes que trabalham para viver.

CLERO. É a primeira das corporações em qualquer Estado bem civilizado; o próprio Deus destinou-a a exercer as mais nobres e as mais importantes funções. Elas consistem em cantar, em vender canções e em se fazer pagar bem pela música celeste. Clero significa *herança* ou *porção*. O clero só é rico porque ele possui a herança de Jesus Cristo – que, como se sabe, deixou um ótimo legado.

COADJUTORES. Quando um bispo – que parece, para os descrentes, não ter muita coisa para fazer – não pode mais dar conta das funções penosas do seu santo ministério, dão-lhe um coadjutor para ajudá-lo. Então o rebanho possui dois pastores em vez de um, o que faz que ele seja muito bem guardado; então, o Diabo não ousa mais rondar em torno do aprisco.

COATIVO. Diz-se de um poder que tem o direito de coagir. A Igreja não tem esse direito; ela o deixa para os soberanos, com a condição de que eles não deixem de se servir dele todas as vezes que o clero lhes der as suas ordens.

CÓLERA. Pecado capital para todo cristão leigo, que só deve se zangar quando a Igreja se zanga – porque então é Deus quem se encoleriza. Com efeito, o Deus da bondade é muito colérico. Seus filhos bem-amados *nasceram na sua cólera*; é, pois, adequado encolerizar-se quando ele próprio está encolerizado. Porque ele certamente se zangaria se estivessem menos coléricos do que ele. Os padres têm o verdadeiro termômetro da cólera divina.

COMEDIANTES. Pessoas que exercem uma profissão abominável e que desagradam muito justamente aos ministros do Senhor. Eles são proscritos e excomungados na França, que é um reino muito cristão no qual se sabe que os sacerdotes possuem, por direito divino, o privilégio exclusivo de representar comédias.

COMENTADORES. Sábios doutores que, à força de torturar o seu espírito, conseguem algumas vezes pôr a palavra de Deus de acordo com o bom senso ou encontrar algumas maneiras para aliviar o fardo da fé.

COMÉRCIO. O comércio é proibido aos padres e aos monges. Eles podem, no entanto, auferir muito legitimamente alguns pequenos lucros com as mercadorias raras que mandam vir do outro mundo. Na França, eles não ganham quase nada com isso, só uns cem milhões por cento. É muito bom investir o seu dinheiro. Jesus Cristo, como se sabe, expulsou os vendilhões do templo. Eram, aparentemente, uns leigos safados, aos quais ele quis ensinar que não convém senão aos padres transformar a casa do Senhor em uma loja.

COMPANHIA DE JESUS. É uma companhia de granadeiros espirituais da qual Jesus Cristo é o capitão. Ela causa uma grande desordem em todo lugar onde fica aquartelada. No entanto, normalmente seus membros não querem nada com as mulheres – já os rapazinhos não conseguem se safar assim tão facilmente.

COMPULSÕES. Gentilezas muito prementes que o cristianismo pôs em moda para convidar à fé aqueles que podem carecer dela. Elas consistem em fazer alguém entrar ou reentrar no caminho da salvação à força de cartas seladas, de prisões, de torturas, ou mesmo a tiros de canhão, quando se tem a artilharia às suas ordens.

COMUNHÃO. Banquete espiritual no qual é servida uma carne muito leve, que é apropriada para nutrir as almas dos bons cristãos – mas muito indigesta para aqueles que não têm bastante fé.

CONCÍLIOS. Assembleias solenes de bispos reunidos para se conciliar com o Espírito Santo (que concorda sempre com o ponto de vista do mais forte) sobre os dogmas e os ajustes necessários à Igreja. Os concílios são úteis para corrigir, explicar, alterar a palavra divina e a doutrina reconhecida, e para fixar, até nova ordem, os artigos de fé sem os quais o gênero humano não pode ser salvo.

CONCLAVE. Lugares onde se reúnem os cardeais da Santíssima Igreja Romana, quando se trata de eleger um vigário infalível para Jesus Cristo. O Espírito Santo jamais deixa de assistir a esse tipo de assembleia, e é por isso que o conclave jamais faz uma escolha duvidosa.

CONCORDATA. Convenção feita entre um papa e um rei muito cristão, por meio da qual ambos dispõem de coisas sobre as quais eles não tinham nenhum direito.

CONCÓRDIA. Ela reina sempre entre os cristãos e, sobretudo, entre os seus teólogos. A prova mais indubitável da divindade do cristianismo é extraída da concórdia inalterável que subsiste entre os seus discípulos. É um milagre perpétuo que confunde a razão humana!

CONCUPISCÊNCIA. Essa palavra, que parece soar mal e ser desonesta para os ouvidos delicados, é teológica e, portanto, não tem nada de indecente. Ela significa a inclinação maldita que os homens têm, desde o pecado de Adão, por tudo aquilo que é capaz de lhes dar prazer.

CÔNEGOS. São padres mais comumente carregados de barriga do que de ciência. Eles se tornam muito úteis ao Estado, para o bem do qual cantam – quase sempre dormindo – um belo latim que eles não entenderiam mesmo se estivessem acordados.

CONFESSOR. Padre que recebeu poderes do seu bispo; ou seja, a quem o próprio Deus passou uma procuração de acordo com as normas para escutar as tolices que, apesar da sua onisciência, Deus tem necessidade de que descubram para ele. Sem isso, ele não poderia saber como lidar com a consciência daquele que se confessa ao seu padre.

CONFIRMAÇÃO[8]. Sacramento ou cerimônia sagrada que consiste em ungir a fronte e em aplicar uma bofetada na cara de um moleque, aquilo que o torna para sempre inquebrantável na sua fé.

CONFISSÃO AURICULAR. Invenção muito útil para os fiéis e, sobretudo, muito cômoda para os padres da Igreja Romana. Por meio dela, eles ficam a par dos segredos das famílias e em condições de subtrair o dinheiro dos poltrões, de causar desunião nos lares e de incitar – quando necessário – as santas revoluções. A Igreja é privada de uma parcela dessas vantagens nos países onde as pessoas não querem se confessar.

CONSAGRAÇÃO. Palavras mágicas com a ajuda das quais um padre da Igreja Romana tem o poder de forçar o Deus

---
8. Ou "crisma".

do universo a largar o seu almoço para vir se transformar em pão e se deixar ele próprio mastigar.

CONSCIÊNCIA. É o julgamento que fazemos dentro de nós mesmos sobre as nossas ações. Nos profanos, ele é guiado pela razão; nos cristãos, ele é regido pela fé, pelo zelo e pela submissão que devemos aos nossos santos padres. Por conseguinte, a consciência de um devoto o obriga muitas vezes a ser mau e mesmo a causar transtornos à sociedade por um motivo de consciência.

CONSOLAÇÕES. A religião cristã fornece consolações infinitas aos devotos: ela os consola dos males e das atribulações desta vida lhes ensinando que eles estão lidando com um Deus bom que os castiga para o seu bem neste mundo perecível, e que, por um efeito da sua ternura divina, poderia ter a fantasia de cozinhá-los eternamente – o que é muito consolador para os friorentos.

CONTEMPLAÇÃO. Ocupação muito útil, sobretudo quando não se tem grandes negócios. Sentimos que nada pode ser mais agradável a Deus do que nos ocuparmos com o cuidado de não pensar em nada. A sociedade, aliás, colhe enormes frutos desses devaneios sagrados.

CONTROVÉRSIAS. Importantes disputas sobre os objetos contestados entre teólogos de diferentes seitas. Aos olhos dos homens carnais, são bagatelas indignas de ocupar animais racionais; porém, no fundo, essas disputas são muito úteis à Igreja militante, que, por meio delas, se mantém em forma e alimenta nos espíritos santas animosidades muito vantajosas para o clero.

CONVENTO. Lugar santo onde se tranca a sete chaves uma ninhada de monges ou de monjas, a fim de sequestrá-los da sociedade. Deixam-nos, no entanto, vir a público quando se trata de cobrar dos povos os impostos espirituais, que são pagos em dinheiro vivo. Os conventos de moças são muito úteis para livrar as famílias, sobretudo os filhos mais velhos, das irmãs que os incomodam. Essas santas casas servem, além disso, para a educação do belo sexo, ou seja, para formar cidadãs bem crédulas, bem medrosas, bem ignorantes e bem devotas – em poucas palavras, santas beatas muito úteis ao clero.

CONVERSÕES. Mudanças miraculosas e raras que são devidas à graça do Altíssimo, e das quais a sociedade colhe comumente os maiores frutos. Elas fazem que uma velha coquete deixe de usar ruge; que uma mulher amável se transforme em rabugenta; que um homem do mundo se torne um encorujado; enfim, que um financista, morrendo desesperado por não poder carregar consigo o fruto das suas rapinas, deixe os seus bens para a Igreja ou para alguns hospitais, para a desobrigação da sua consciência, para o repouso da sua alma e para a salvação daqueles que ele despojou.

CONVULSIONÁRIAS. Profetisas jansenistas que vaticinam, que dão pulos, que se fazem crucificar, espancar e flagelar para provar que os jesuítas são uns tratantes, que o arcebispo errou, que o padre Quesnel[9] tem razão, que a graça eficaz por si mesma faz dar belas cambalhotas quando ela tem com o que pagar. Cf. *Socorros*.

CORDEIRO DE DEUS. É Jesus Cristo. As Escrituras nos dizem para temer *a cólera do cordeiro*, que, segundo o Apocalipse, é mais malvado do que um lobo e mais raivoso do que um peru. Cf. *Inferno*.

CORREÇÃO FRATERNAL. Na religião cristã, cada um deve imiscuir-se na consciência do seu vizinho e interessar-se vivamente pela sua salvação. É preciso repreendê-lo pelas suas faltas e, sobretudo, tratar de fazê-lo corrigir-se dos seus erros. Quando ele não é dócil, é preciso fugir dele e odiá-lo, ou, então, atormentá-lo e matá-lo, quando se é mais forte do que ele.

---

9. Pasquier Quesnel (1634-1719): Teólogo jansenista francês, autor da polêmica obra *O Novo Testamento em francês, com algumas reflexões morais*.

CORTE. Sem a corte a Igreja quase não pode prosperar, e o Espírito Santo tem de voar com uma asa só. É lá que a ortodoxia é decidida em última instância. Os heréticos são sempre aqueles que não pensam como a corte. As divindades cá de baixo regulam comumente a sorte das divindades lá do alto. Sem Constantino, Jesus Cristo jamais teria feito uma grande figura na Terra.

CREDIBILIDADE. São chamadas de motivos de credibilidade as razões convincentes ou as provas evidentes que nos forçam a crer em uma coisa. Na religião, os motivos que nos fazem crer são: a palavra do senhor pároco, a ignorância, o hábito e, sobretudo, o temor de arranjar complicações.

CREDULIDADE. Todo bom cristão deve estar nesta ditosa simplicidade que dispõe a crer sem exame nas coisas menos críveis, com base na palavra dos seus guias espirituais. Estes são evidentemente incapazes de se enganar e menos ainda de enganar os outros, o que não ficaria bem.

CRER. É ter uma confiança sem limites nos padres. Um bom cristão não pode se dispensar de crer em tudo aquilo que lhe dizem para crer – sem isso, ele só serve para ser queimado. Se ele nos diz que lhe falta a graça, que seja queimado para sempre. A Divindade, ao lhe recusar a sua graça, anuncia que ela julga que ele só serve para ser queimado para reaquecer a fé dos seus eleitos.

CRIAÇÃO. Ato incompreensível da onipotência divina que do nada fez tudo aquilo que nós vemos. Os ateus negam a possibilidade do feito, mas eles carecem de fé; os teólogos lhes provam que alguns nadas são suficientes para pôr o universo em combustão; a Igreja fará que eles vejam que com nada se pode fazer o ouro e a prata. De onde se vê que os sacerdotes do Altíssimo partilham com ele o poder de criar; ninguém ignora que o padre Needham[10] sabe criar enguias.

CRIMES. Na religião, não são de maneira alguma as ações mais nocivas à sociedade, são aquelas que são mais nocivas ao clero. O maior de todos os crimes é carecer de fé ou de confiança nele; é examinar as suas opiniões; é roubar uma sacristia; é demonstrar desprezo pelas coisas sagradas; todos esses crimes são punidos com o fogo, seja neste mundo, seja no outro.

CRISMA (SANTO). Mistura de bálsamo e de óleo encantada por um bispo. Ela se torna apropriada para fazer

---

10. John Turberville Needham (1713-81): Religioso e naturalista inglês que, em sua obra *An account of some new microscopical discoveries* (1745), defendeu a tese da geração espontânea.

descerem as graças lá do alto e para lubrificar os cristãos que têm a pele muito seca.

CRISTÃO. É um bom homem, uma ovelha do bom Deus, que, na simplicidade do seu coração, se convence de que acredita firmemente nas coisas incríveis em que os seus padres lhe disseram para crer, sobretudo quando ele nunca pensa. Como consequência, ele está persuadido de que três são apenas um, de que Deus se fez homem, de que ele foi pendurado em um poste[11], de que ele ressuscitou, de que os padres jamais podem mentir e de que aqueles que não creem nos padres serão condenados sem remissão.

CRISTIANISMO. Sistema religioso atribuído a Jesus Cristo, mas realmente inventado por Platão e por São Paulo, aperfeiçoado pelos padres, pelos concílios e pelos intérpretes e, de acordo com as ocasiões, corrigido pela Igreja para a salvação dos homens. Depois da fundação dessa religião sublime, os povos se tornaram muito mais sábios, mais esclarecidos e mais felizes do que antes. A contar dessa ditosa época, não se viu mais nem

---

11. Holbach, assim como muitos críticos e estudiosos do cristianismo, não utiliza o termo "crucificado", já que ainda hoje existem dúvidas acerca do tipo de suplício que causou a morte de Jesus. Entre os romanos, o prisioneiro condenado ao suplício da cruz podia ser simplesmente amarrado em um poste ou em duas traves cruzadas em forma de X.

dissensões, nem perturbações, nem massacres, nem desregramentos, nem vícios: aquilo que prova inapelavelmente que o cristianismo é divino, que é preciso estar com o Diabo no corpo para ousar combatê-lo e que é preciso estar louco para ousar duvidar dele.

CRONOLOGIA. O Espírito Santo fixou na Bíblia a época precisa da criação do mundo. Porém, o Espírito Santo não está de acordo consigo mesmo quanto a essa época, quando ele fala em hebraico, em grego ou em latim. Ele fez tudo expressamente para exercitar a nossa fé e para divertir o sr. Souciet[12] e o sr. Newton.

CRUELDADE. Disposição deplorável nas relações da vida comum, mas muito necessária à sustentação da religião. A humanidade nunca é adequada quando se trata da Divindade ou dos seus divinos ministros.

CRUZ. É o signo e o estandarte da salvação. São dois paus cruzados que representam o poste no qual a Divindade foi pendurada. Os ministros do Senhor, como o frade Jean des Antomures[13], servem-se dela com sucesso para espancar os patifes que vêm saquear o seu pomar. *Carregar*

---

12. Étienne Souciet (1671-1744): Jesuíta francês. Teólogo e astrônomo, ele refutou o sistema de cronologia elaborado por Isaac Newton (que em seu livro *Chronology of ancient kingdoms amended*, publicado postumamente em 1728, tinha tentado calcular a idade da Terra).
13. Na verdade, Jean des Entomeures, célebre personagem de Rabelais.

sua cruz é se afligir santamente, atormentar a si mesmo. Quando não se pode fazer melhor, é bom atormentar os outros, a fim de ajudá-los a ganhar o paraíso.

CRUZADAS. Santas expedições ordenadas pelos papas para livrar a Europa de uma multidão de patifes devotos que, para obterem do céu a remissão pelos crimes que haviam cometido na sua casa, iam bravamente cometer novos crimes na casa dos outros.

CULTO. Sequência de cerimônias ou de movimentos do corpo e dos lábios, de uma necessidade absoluta para agradar ao Soberano do universo. Ele não tem necessidade de ninguém, mas acharia ruim se negligenciassem a etiqueta imaginada pelos seus criados e se omitissem os cumprimentos que afagam a sua vaidade ou a dos seus padres. O verdadeiro culto é sempre aquele cujo cerimonial é regulado pelos que têm o direito de mandar nos grelhar se nos recusarmos a nos conformar a ele.

CURIOSIDADE. É um enorme pecado. Deus condenou outrora o gênero humano à morte pela curiosidade de uma mulher que quis conhecer o bem e o mal, o que prova que nos arriscamos a desagradá-lo soberanamente quando temos bom senso ou quando queremos saber sobre ele mais do que os nossos padres querem que saibamos.

D

DANAÇÃO. Nós devemos crer, sob pena de sermos danados, que o Deus das misericórdias – para ensinar os pecadores a viver depois da sua morte e para corrigir os vivos que não poderão ver nada disso – dana eternamente a grande maioria dos homens por faltas passageiras. Por um milagre manifesto da sua bondade divina, ele fará que eles durem para sempre, a fim de ter o prazer de queimá-los para sempre. A Igreja, tal como Deus, tem o direito de danar; algumas pessoas acreditam que sem ela Deus não danaria ninguém. Ele nunca faz isso a não ser para alegrar a sua mulher.

DATARIA. Nome que é dado em Roma a uma repartição sagrada em que, mediante metal sonante, são distribuídos os benefícios, as dispensas, as graças do Espírito Santo e até mesmo o direito de cometer alguns pecados.

DAVI. É um dos maiores santos do paraíso, o verdadeiro modelo dos reis. Ele foi rebelde, dissoluto, adúltero, assassino etc. Ele deitava com as mulheres e mandava matar os maridos; mas ele foi bem devoto e bem submisso aos sacerdotes, o que lhe valeu ser chamado de *homem segundo o coração de Deus*. Deus mesmo, até hoje, nunca fica de tão bom humor como quando lhe repetem as canções que esse santo homem compôs.

DEDO DE DEUS. Todas as vezes que um grande acontecimento, uma revolução ou uma calamidade reverte em proveito do clero, isso indica o dedo de Deus, que tem sempre em vista os seus bons amigos, os padres – exceto quando a pata de Satã pisa nos dedos do bom Deus.

DEICÍDIO. Crime cometido pelos judeus quando fizeram morrer um Deus que eles não tiveram o espírito de distinguir em um judeu de cabelos ruivos – que os enganou para, em seguida, puni-los por terem sido enganados.

DEÍSMO. Sistema ímpio, já que supõe um Deus muito racional, que não exige nada dos homens além de serem bons e honestos, e que não lhes pede nem fé, nem culto, nem cerimônias. Percebe-se que esse sistema é absurdo e não convém de maneira alguma ao clero. Tal religião não teria necessidade de padres, o que seria lastimável para a teologia.

DELAÇÕES. A religião cristã é, como se sabe, o apoio da sociedade e o sustentáculo dos costumes. Eis porque, sobretudo nos países onde a Santa Inquisição está estabelecida, a Igreja tem espiões e força à delação os parentes, os amigos e os criados – aquilo que torna o convívio social muito seguro, os costumes muito honestos e os relacionamentos da vida infinitamente agradáveis.

DEPOSIÇÃO. Só os bispos têm o direito de julgar e de depor um bispo. Os soberanos, sem sacrilégio, não podem exercer esse direito. Depois que Samuel depôs o rei Saul, os bispos adquiriram o direito de depor os reis; de onde se vê que foi muito legitimamente que Luís, o Pio[1], foi deposto por alguns bispos no Concílio de Soissons, e que o papa tem o direito incontestável de depor os reis.

DESENREDADOR. Santo homem cuja função, entre as mulheres ricas e devotas, é ajudá-las a desenredar a sua conscienciazinha, a esclarecer as suas duvidazinhas, a acalmar os seus escrupulozinhos e a avaliar os seus pecadinhos, a fim de pô-las em condições de fazer uma boa confissãozinha. O desenredador se encarrega também, algumas vezes, do cuidado de enredar a vida doméstica.

DEUS. Palavra que é sinônimo de padres ou, se preferirem, é o factótum dos teólogos, o primeiro agente do clero, o

---
1. Luís I (778-840): Rei dos francos, filho de Carlos Magno. O fato mencionado por Holbach ocorreu em 833.

encarregado dos negócios, o fornecedor, o intendente do exército divino. A palavra de Deus é a palavra dos padres; a glória de Deus é a arrogância dos padres; a vontade de Deus é a vontade dos padres. Ofender Deus é ofender os padres. Crer em Deus é crer naquilo que dizem os padres. Quando se diz que Deus está encolerizado, isso significa que os padres estão de mau humor. Substituindo a palavra *Deus* pela palavra *padres* a teologia se torna a mais simples das ciências. Assim, devemos concluir que não existe nenhum verdadeiro ateu, já que – a menos que se seja um imbecil – não se pode negar a existência do clero, que se faz sentir muito bem. Haveria ainda um outro Deus, mas os padres não se preocupam com isso: é ao deles que devemos nos ater se não quisermos nos fazer grelhar. Cf. *Deísmo*.

DEVERES. Na religião, são aqueles que estão fundamentados nas relações que subsistem entre os homens e os seus padres. De onde se vê que cabe apenas aos padres fixar os deveres de um bom cristão. Eles consistem em rezar bem, em escutar bem aquilo que eles não entendem e, sobretudo, em pagar bem aos ministros do Senhor.

DEVOÇÃO. É um santo devotamento aos padres ou uma piedosa exatidão em realizar as práticas que eles recomendam. Os devotos, quer dizer, os cristãos devidamente compenetrados desses grandes sentimentos, têm a vantagem de ser chatos, tediosos e insociáveis – e, por conseguinte, muito dignos de ir bem rápido para o paraíso. As *devotas* são santas beatas que trabalham eficazmente pela salvação de todos aqueles que se aproximam delas, dando-lhes uma santa repulsa pelas coisas deste mundo. O marido de uma devota deve – ao menos – ser muitas vezes tentado a se salvar da sua casa.

DIABO. É o *Panúrgio*[2] da corte celeste; o principal agente de operações da Igreja. Deus poderia com uma única palavra remergulhá-lo no nada, mas evita bem fazer isso. Ele tem necessidade do Diabo, para pôr na sua conta todas as tolices das quais poderiam acusá-lo; ele o deixa, portanto, agir e suporta pacientemente as travessuras que ele faz incessantemente com a sua mulher, com os seus filhos e com ele próprio. Deus não pode passar sem o Diabo; o temor a Deus quase sempre não passa de temor ao Diabo; é essa a religião de muitos bons devotos – que, sem o Diabo, bem poderiam não pensar muito nem em Deus, nem nos seus padres.

DIGNIDADES. São distinções mundanas que, na religião de um Deus humilde, são concedidas aos seus humildes

---
2. Um dos principais personagens do *Pantagruel*, de Rabelais.

ministros – aos quais não convém mais ser tão miseráveis como ele mesmo era durante a sua estada neste mundo.

DILÚVIO. Corretivo paternal infligido ao gênero humano pela Providência divina, que, por falta de ter previsto a malícia dos homens, se arrependeu de tê-los feito tão malignos e afogou-os todos de uma vez para torná-los melhores – o que teve, como se sabe, um maravilhoso sucesso.

DINHEIRO. É uma fonte de crimes na sociedade. Os padres devem fazer todos os seus esforços para aliviar dele os fiéis, a fim de que estes marchem mais lepidamente pelo caminho da salvação. Jesus Cristo não queria que os seus apóstolos tivessem dinheiro, mas depois a Igreja modificou bastante tudo isso; hoje em dia, sem dinheiro, não existem padres. Tudo isso para cumprir esta ordem do Levítico (27, 18): *Supputabit sacerdos pecuniam*. O sacerdote contará seu dinheiro.

DIREITO CANÔNICO. É a coleção das leis, das ordenações, das constituições, das decisões, das bulas etc. que os ministros do Senhor imaginaram para constituir a jurisprudência sagrada que eles fizeram para si mesmos. Ele é algumas vezes contrário à razão, à jurisprudência civil, aos direitos dos soberanos e até mesmo ao direito natural, mas todos esses direitos são feitos para ceder aos direitos divinos.

DIREITOS DIVINOS. São os direitos dos quais desfrutam incontestavelmente todos aqueles que são bastante fortes para impedir os outros de contestar os seus direitos ou que não têm nenhum interesse em vê-los serem discutidos. Deus, como se sabe, é a mesma coisa que os seus padres, de onde se segue que os direitos dos padres são sempre *direitos divinos*. A Igreja goza, por *direito divino*, do direito incontestável de criar para si *direitos divinos* e de impedir que algum dia duvidem dos seus *direitos divinos*.

DIRETOR. É um santo homem de colarinho torto, normalmente muito guloso, cuja função é ir visitar as famílias para fazer nascer alguns escrúpulos, criar conflito entre os esposos, fazer resmungar as crianças e os criados e virar pelo avesso a cabeça das devotas, para guiá-las mais seguramente no caminho da salvação.

DISCIPLINA. São as disposições ou regulamentos salutares que os ministros do Senhor julgam convenientes aos seus interesses, e que eles modificam à vontade para se adequar às intenções imutáveis da Divindade.

Essa palavra designa também um instrumento de corda ou de arame que faz um grande bem à alma quando é aplicado sobre o corpo³.

DISPENSAS. Permissões para agir mal que o papa ou os bispos concedem em troca de dinheiro vivo. Em virtude dessas dispensas, aquilo que era ilícito e criminoso se torna legítimo e permitido, já que o produto das dispensas aumenta os fundos da caixa do Padre Eterno & Companhia.

DISPUTAS. Debates edificantes e interessantes que vemos muitas vezes se elevarem entre os intérpretes infalíveis da palavra de Deus – que, para o maior bem da sua Igreja, não quis falar muito claramente, com medo de que os seus queridos padres não tivessem nada pelo que brigar.

DIVÓRCIO. Ele é absolutamente interditado aos cristãos, para os quais o casamento é indissolúvel. Disso resultam sem dúvida os maiores bens para os esposos que quase nunca podem estar em harmonia, porque então eles se atormentam eficazmente durante toda a sua vida, o que não pode deixar de conduzi-los diretamente ao

---
3. As *disciplinas* eram açoites usados para castigos e para a autoflagelação dos religiosos e devotos masoquistas.

paraíso. O divórcio é permitido apenas aos bispos, que podem – quando querem – trocar uma mulher pobre por uma outra mais rica e mais aquinhoada.

DÍZIMOS. Eles pertencem por direito divino aos ministros da Igreja. Os Apóstolos, como todos sabem, recebiam os dízimos em Jerusalém. A lei antiga, abolida por Jesus Cristo, concedia os dízimos aos sacerdotes judeus, de onde se deduz que o dízimo de todos os bens deve, sob a nova lei, pertencer ao clero. Aliás, nada é mais legítimo do que fazer que os agricultores trabalhem para esse pobre clero, que faz teologia para eles, para suas mulheres e para os seus filhos.

DOAÇÕES. São os presentes que a Igreja, por bondade para com seus filhos, consente em receber das suas mãos profanas. O clero se parece com Messer Aldobrandini, *que era homem de presentes; não que ele os desse, mas ele os recebia.* Tudo aquilo que se dá a Deus pertence ao clero. *Dabunt Domino et erit sacerdotis*[4]. Cf. Números, 5, 8.

DOÇURA EVANGÉLICA. Ela consiste em inculcar a fé à força de injúrias, de ameaças e de suplícios. É com a ajuda

---
4. "Será dado ao Senhor, ao sacerdote".

desses bombons que a Igreja faz os seus filhos engolirem a pílula da fé.

DOMINAÇÃO (ESPÍRITO DE). A ambição ou o desejo de dominar são paixões felizmente desconhecidas dos ministros do Evangelho. Seu império não é deste mundo, ele é totalmente espiritual. Contentes em dominar os espíritos, eles não temem que os corpos – ou os estojos dos espíritos – deixem algum dia de se dobrar às suas santas vontades.

DOMINANTE. É chamada de *religião dominante* a do príncipe, que, com a ajuda dos sabres, das baionetas e dos mosquetes, prova inapelavelmente às outras religiões do seu país que elas estão erradas, que o seu confessor tem razão e que é o seu Conselho quem deve regular a crença ou a fé.

DOMINGO. Dia consagrado ao Senhor, ou seja, destinado a prestar homenagem aos seus padres, escutando os seus belos sermões, assistindo às suas cerimônias, deleitando-se com os seus divinos concertos e se embebedando depois em La Courtille[5].

---

5. Região nos arredores de Paris onde estavam situados diversos bares e casas de diversão.

DONS GRATUITOS. Por direito divino, o clero não deve nada ao Estado; se ele contribui para as suas necessidades, é por pura condescendência. Ele não vive no Estado senão para ser protegido, respeitado e pago; ele lhe faz bastante honra honrando-o com a sua presença, ajudando-o com as suas preces, iluminando-o com as suas luzes e aliviando-o dos seus escudos[6].

DOUTRINA. É aquilo em que todo bom cristão deve crer sob pena de ser queimado, seja neste mundo ou no outro. Os dogmas da religião são decretos imutáveis de Deus, que só pode mudar de opinião quando a Igreja muda.

DRAGÕES[7]. Missionários muito ortodoxos que a corte de Versalhes enviou aos huguenotes para argumentar contra eles sobre a transubstanciação, reconduzi-los ao regaço da Igreja e provar a eles que o papa e o confessor do rei não podem jamais se enganar.

DUREZA. Critica-se comumente a dureza da gente da Igreja. Isso é neles um efeito da mais sublime virtude; um bom cristão deve ser completamente insensível. Ele é um padre perfeito quando Deus lhe faz a graça

---
6. Antiga moeda de ouro ou de prata, sinônimo de "dinheiro".
7. Termo militar que designa um tipo de tropa que combatia tanto a cavalo quanto a pé.

de juntar uma cabeça de ferro a um coração de bronze; quando ele está bem jantado, o mundo inteiro deve lhe ser indiferente. É, sobretudo, junto ao leito dos moribundos que se vê brilhar o estoicismo sacerdotal. Cf. *Moribundos*.

E

ECLESIÁSTICOS. Ou gente da Igreja. Nome genérico pelo qual se designa todos aqueles que compõem o exército que a Divindade, para o bem de nossas almas, deixa viver como bem entende cá embaixo.

EDIFICAÇÃO. Edificar alguém é fortificar nele, pela sua conduta e pelo seu exemplo, o santo respeito que ele deve ter pela religião ou pelas vontades dos padres. Quanto aos padres, eles são sempre edificantes, sobretudo na Espanha e na Itália – assim se vê como ali eles são muito considerados.

EDUCAÇÃO CRISTÃ. Ela consiste em fazer que os pequenos cristãos adquiram desde a infância o saudável hábito de desatinar, de crer em tudo aquilo que lhes dizem e de odiar todos aqueles que não creem naquilo que eles creem. Tudo isso para formar, para o Estado, cidadãos bem sensatos, bem racionais, bem tranquilos e, sobretudo, bem submissos ao clero.

ELEITOS. São aqueles que Deus, em sua misericórdia, escolheu para terem o direito de entrar na sua casa. Existirá em cada século uma meia dúzia de eleitos que terá o prazer inefável de ver o resto do gênero humano ser grelhado.

ENCARNAÇÃO. Todo cristão é obrigado a crer que o espírito que preenche o universo com a sua imensidão outrora se apequenou de maneira a caber na pele de um judeu. Porém, ele não se deu bem com a metamorfose, e asseguram que não vai tentá-la de novo. Aqueles que quiserem ter uma ideia clara desse mistério inefável encontrarão com o que se satisfazer neste cântico de Simon Le Franc[1].

CÂNTICO

O pecado do nosso pai primeiro
Perdeu a ele e a todos os seus descendentes:
Mas a cólera de um Deus muito piedoso
Longe de ser eterna, não durou mais
Do que quatro mil anos.

*

Quando Ele concedeu esses poucos anos
Aos arroubos de um primeiro ímpeto,
A graça veio mudar os destinos
Das almas que se encontravam danadas
Sem saber como.

*

---
1. Trata-se provavelmente de uma alusão a Jean-Jacques Le Franc de Pompignan (1709-84), poeta lírico e dramaturgo francês de quem os filósofos iluministas nunca se cansavam de zombar. Voltaire o imortalizou com um pequeno comentário às suas poesias sacras: "Sagradas elas são, porque ninguém toca nelas".

Para reparar o mal da maçã,
Eis pois o que ao seu filho ele disse:
Vá vos disfarçar, correi para vos fazer homem;
Sofrei, morrei; a isso, eis como
O filho respondeu.

*

Obedeço, mas não posso vos calar
Um fato que vós não podeis negar;
Eu sou Deus como vós, querido pai,
Tornar-me homem não será me fazer
Baixar de nível?

*

Alto lá, filho meu, esse é um mistério
No qual deve-se crer com submissão.
Vós nascereis de uma virgem mãe,
Tenho o meu Espírito Santo pronto para nela fazer
A operação.

*

Não terei eu por aí – prossegue ele – algum anjo
Pronto a se incumbir dessa missão?
Pois onde estão eles? Vou precisar mudar isso.
Ó, Gabriel, nesse plano que me seja arranjada
A encarnação.

*

O anjo parte, voa sobre o hemisfério
Vai à casa da mulher de um carpinteiro.

É um velhaco, só se tem de deixá-lo agir,
Ninguém entende melhor de fazer um negócio
É esse o seu ofício.

*

Ele vai entrando e logo cumprimenta,
E, sendo um anjo, ele tem espírito;
Das graças – diz ele – vós sois o centro.
Bendito seja o fruto do vosso ventre:
O cumprimento fez efeito.

FIM

ENTERROS. Cerimônias que os sacerdotes do Senhor tornam mais ou menos lúgubres através dos seus santos uivos, conforme eles são pagos mais ou menos generosamente.

ENTUSIASMO. Santa embriaguez que sobe à cabeça daqueles aos quais Deus fez a graça de beberem em largas doses o bom vinho que os padres vendem nas suas santas tavernas. Cf. *Fanatismo* e *Zelo*.

ERRO. É toda maneira de pensar em matéria de religião que difere da dos padres, a quem devemos a nossa confiança. Não há entre os cristãos crime mais imperdoável do que se enganar, ele é aquele que com razão é punido com mais rigor. Praticamente só o fogo pode esclarecer eficazmente e recolocar no bom caminho aquele que é bastante estúpido para errar.

ESCÂNDALO. Toda ação que é para um outro uma oportunidade de pecar. Os ministros do Senhor jamais dão escândalo e nada seria mais escandaloso do que dizer que eles escandalizam: só aqueles que não têm fé alguma ficam escandalizados com a conduta dos padres escandalosos. É quando nós vemos um padre escandaloso que é oportuno arrancarmos os olhos, seguindo o conselho do filho de Deus.

ESCOLA. É a arena para onde descem os nossos gladiadores sagrados para combater e disputar infinitamente sobre as verdades evidentes que o próprio Deus revelou. Comumente, são os povos que são feridos pelos poderosos golpes que os teólogos desferem uns nos outros – o que é, sem dúvida, um espantoso milagre.

ESCOLÁSTICA. Parte muito importante da teologia; é a arte de argumentar sobre palavras, sabiamente inventada para obscurecer as coisas e nos impedir de ver claramente na ciência da salvação.

ESCRÚPULOS. Santas e pequenas inquietações do espírito que, para ocupar os devotos e as devotas, seus guias espirituais têm o cuidado de lançar nas suas grandes almas, a fim de terem em seguida a satisfação de dissipá-las. Os escrúpulos devem ter como objeto as práticas ordenadas pelo clero, eles não devem recair sobre as ações nocivas à sociedade, que nunca interessam senão fracamente aos devotos.

ESMOLA. É toda distribuição dos seus próprios bens ou dos bens alheios feita com o intuito de perpetuar a santa ociosidade dos padres, dos monges, dos preguiçosos ou de todos aqueles que acham que é bem mais cômodo pedir do que trabalhar.

ESPERANÇA. Virtude cristã que consiste em desprezar tudo aquilo que nós conhecemos de bom aqui embaixo para esperar, em um país desconhecido, os bens desconhecidos que os nossos padres, em troca do nosso dinheiro, nos ensinam que conheceremos algum dia.

ESPÍRITO. Todo mundo sabe o que é um espírito: é aquilo que não é matéria. Todas as vezes que vocês não souberem como uma causa atua, vocês terão apenas de dizer que essa causa é um espírito, e ficarão muito plenamente esclarecidos.

ESPÍRITO SANTO. É o terceiro dos Deuses que compõem o Deus único dos cristãos. A função dele é inspirar os padres e se encontrar no meio deles todas as vezes em que é requisitado para isso. Aos olhos dos homens carnais, o Espírito Santo nem sempre se mostra infinitamente espírito.

ESPÍRITOS FORTES. São aqueles que não têm o espírito fraco ou que não receberam de Deus uma espinha dorsal bastante flexível para se deixarem arrear pelos ministros do Senhor.

ESPIRITUALIDADE. Qualidade oculta inventada por Platão, aperfeiçoada por Descartes e transformada em artigo de fé pelos teólogos. Ela convém evidentemente a todos os seres sobre os quais nada sabemos quanto à maneira de ser e de agir. Deus é espiritual, nossa alma é espiritual, o poder da Igreja é espiritual. Isso significa, claramente, que não estamos muito a par nem daquilo que eles fazem nem da sua maneira de agir.

ESPLENDOR. Nos tempos infelizes em que nós vivemos, a Igreja tem necessidade de se mostrar com esplendor. Se os seus ministros fossem tão mendigos quanto os Apóstolos, os Cem Suíços[2] os expulsariam dos aposentos de Versalhes. As carruagens luxuosas, as joias e as librés são hoje em dia muito necessárias ao chefe

---

2. Companhia de mercenários suíços encarregada da guarda do palácio real francês.

da Igreja. Sem isso, a religião de um Deus pobre seria infalivelmente desprezada.

ESQUECIMENTO DAS INJÚRIAS. Conduta muito louvável nos leigos e que lhes é prescrita no Evangelho. Os padres, no entanto, estão dispensados dela. Eles não podem jamais perdoar, já que não são eles e sim Deus quem é ofendido. O Deus das misericórdias jamais lhes perdoaria por terem perdoado aqueles que o ofenderam, sobretudo, na pessoa do clero – esse aí é o ponto sensível da Divindade, é o pecado contra o Espírito Santo que não será resgatado, nem neste mundo nem no outro. No entanto, o clero, sem ferir a Divindade, pode perdoar aqueles que ele mandou exterminar – a menos que eles tenham deixado alguns filhos, parentes ou amigos que ainda possam ser maltratados, de acordo com a jurisprudência da Bíblia.

ESTERCORANISTAS. Opinião absurda daqueles que supõem que o pão consagrado na Eucaristia, ou seja, transformado em Deus, possa ser eliminado pela evacuação. Por longo tempo os teólogos discutiram para saber aquilo que acontecia com o Deus que nós recebemos na Eucaristia. Agora, ficou enfim decidido que somente Deus é quem sabe aquilo que acontece com a Eucaristia quando nós a recebemos.

ESTUDOS. Para um teólogo profundo, é trabalhar por toda a vida para embaralhar as suas ideias e para encher a sua cachola de santas palavras – às quais nem ele próprio nem todos aqueles que não tiverem recebido graças sobrenaturais poderão jamais vincular algum sentido racional. Os estudos, para os leigos, consistem em aprender o latim e, sobretudo, a submissão que é devida ao clero.

ETERNIDADE. É aquilo que não tem começo nem fim. Como a coisa é mais fácil de dizer do que de entender, é bom que todo cristão medite sobre ela com a ajuda do seu confessor – que não deixará de lhe facilitar a sua compreensão. Enquanto esperamos, sob pena de sermos assados eternamente, nós devemos – a despeito do predicante Petit Pierre[3] – considerar como certo

---

3. Sobre este personagem, eis o que diz Voltaire: "Os espíritos dos nossos predicantes começaram a se excitar, há quatro anos, com relação a um pobre diabo, pastor do campo, chamado Petit-Pierre, homem simples que entendia perfeitamente a Trindade e que sabia exatamente como o Espírito Santo procede, mas que errava *toto coelo* sobre o capítulo do inferno. Esse Petit-Pierre concebia muito bem como existia no jardim do Éden uma árvore que proporcionava o conhecimento do bem e do mal e como Adão e Eva viveram quase novecentos anos por terem comido dela. Porém, ele não engolia que nós fôssemos queimados para sempre por causa disso. Ele era um homem conciliador: queria que os descendentes de Adão, tanto brancos quanto negros, vermelhos ou acinzentados, barbudos ou imberbes, fossem danados durante setecentos ou oitocentos mil anos – isso lhe parecia justo. Porém, pela eternidade, isso ele não podia admitir. Ele achava, através do cálculo integral, que era impossível, *data fluente*, que a falta momentânea de um ser finito fosse castigada

que as penas do inferno serão eternas. Jesus Cristo havia se esquecido de dizer isso, mas a Igreja, que sabe mais sobre isso do que ele, disse e o repete sem cessar para a consolação dos seus caríssimos filhos, dos quais pelo menos 99% serão danados. Cf. *Consolações*.

EUCARISTIA. Sacramento maravilhoso no qual o Deus do universo tem a bondade de dar a si mesmo para ser comido pelos seus padres e pelos cristãos, cujo estômago é bastante forte para poder digeri-lo.

EUNUCOS. Seria conveniente, para o bem da religião, que todos os cristãos fossem eunucos e as mulheres usassem cinto de castidade. Por esse meio, o mundo terminaria mais cedo e Deus, por conseguinte, não seria mais ofendido nele.

EVANGELHO. Significa *boa nova*. A boa nova que o Evangelho dos cristãos veio lhes anunciar é que o seu Deus está muito colérico, que ele destina a grande maioria deles às chamas eternas, que a sua felicidade depende da sua santa imbecilidade, da sua santa credulidade, da sua santa insensatez, do mal que eles farão uns aos outros, do seu ódio por si mesmos, das suas opiniões

---

com uma pena infinita, porque o finito é zero em relação ao infinito". (Voltaire, *Questões sobre os milagres*, carta XIV).

ininteligíveis, do seu zelo e da sua antipatia por todos aqueles que não pensarem ou que não forem como eles. Tais são as notícias interessantes que a Divindade, por uma afeição especial, veio anunciar à Terra. Elas alegraram de tal forma o gênero humano que, desde a chegada do mensageiro que veio trazê-las lá do alto, ele não faz mais do que tremer, chorar, discutir e brigar.

EXAME. Quando se é um bom católico, seria um grande pecado pretender examinar aquilo que diz o clero, que se diz infalível. Quando se é protestante, é legítimo e permitido examinar por si mesmo aquilo que diz o clero, que não se diz infalível – desde que, no entanto, se descubra, através deste exame, que o clero protestante jamais se engana.

EXCOMUNHÕES. São penas espirituais que os pastores da Igreja infligem às suas ovelhas que têm sarna. Antigamente, elas faziam definhar de tristeza e algumas vezes os príncipes morriam de apoplexia. Hoje em dia, as excomunhões não produzem mais esses efeitos tão acentuados, o que provém do fato de que a fé está se tornando mais rara sobre a Terra.

EXERCÍCIOS DE PIEDADE. São pequenas ocupações espirituais imaginadas pelos padres para impedir as almas devotas de se entorpecerem. Sem esses pequenos exercícios, as velhotas e as pessoas desocupadas correriam o risco de se entediar ou correriam o perigo de se ocupar com coisas úteis às suas famílias e ao mundo perverso.

EXORCISMOS. Atos de autoridade sobre os demônios, exclusivamente exercidos pelos ministros da Igreja Romana. À força de água benta, de palavras e de cerimônias, obriga-se o espírito maligno a sair dos corpos nos quais ele jamais havia entrado ou, então, nos quais ele havia entrado por dinheiro.

EXPIAÇÕES. Expiar é saldar as dívidas contraídas com Deus; as expiações são cerimônias inventadas pelos padres, que são os administradores da Divindade. Esta se resigna sempre a tudo aquilo que os seus padres querem; ela perdoa as dívidas dos homens todas as vezes em que os seus administradores são bem pagos.

ÊXTASES. Síncopes sagradas durante as quais os santos, e sobretudo as santas, têm a felicidade de delirar e de ver faíscas. As pessoas sujeitas a ter êxtases são comumente aquelas a quem a Providência deu a graça de serem bem loucas ou bem velhacas. Cf. *Visões*.

EXTREMA-UNÇÃO. Sacramento respeitável da Igreja Romana. Ele é muito útil para assustar os moribundos. Consiste em engraxar as botas daqueles que estão prestes a fazer a viagem para o outro mundo.

EZEQUIEL. Grande profeta da Judeia e, sobretudo, homem de belas visões. Ele é famoso pelos seus bons desjejuns, dos quais os nossos profetas modernos não têm nenhuma inveja[4]. Ezequiel é seguramente – depois do jesuíta Sanchez[5] e do porteiro dos Cartuxos[6] – o eclesiástico mais indecente que eu conheço.

---

4. Ezequiel foi condenado a passar 390 dias comendo apenas pão, que deveria ser cozido em um fogo alimentado por excrementos humanos. Cf. Ezequiel, 4, 12.
5. Holbach refere-se ao padre e teólogo espanhol Tomás Sánchez (1550-1610), acusado de imoralidade pela maneira detalhada como abordou, em sua célebre obra sobre o sacramento do matrimônio, as questões referentes aos casamentos inválidos.
6. Referência ao protagonista do romance erótico *Histoire de Dom Bougre, portier des Chartreux*, atribuído a Jean-Charles Gervaise de La Touche (1715-82).

F

FÁBULAS. As histórias que são contadas por todas as religiões da Terra são fábulas ou histórias para boi dormir; somente os contos da Bíblia é que são verdadeiros. Quem quer que não esteja interessado em ser atirado na caldeira eterna deve considerá-los histórias verídicas.

FAMILIARES. Nome que se dá, na Espanha e em Portugal, a alguns senhores distintos que, por humildade, se transformam em espiões, delatores e esbirros da santíssima Inquisição.

FANATISMO. Raiva santa ou contágio sagrado, próprio, sobretudo, do cristianismo, pelo qual se acham tomados os bons cristãos que têm o sangue muito ardente e a cabeça cheia de vento: essa doença é contraída através dos ouvidos. Ela resiste igualmente ao bom senso e aos remédios violentos; os caldos, os banhos ou os hospícios são os seus específicos seguros.

FARDO. O fardo do Senhor é leve. São os padres que fazem que nós o carreguemos para eles, aquilo que os impede de ficar fatigados com isso – ou antes são os padres que, segundo Jeremias, são o fardo do Senhor[1].

---
1. "E se esse povo, ou se algum profeta ou sacerdote, te perguntar: Qual é o novo fardo do Senhor que vens anunciar? Tu lhe dirás: Esse fardo sois vós, e dele vou me desvencilhar". (Jeremias, 23, 33).

FATALISMO. Sistema hediondo que submete tudo à necessidade em um mundo regido pelos decretos imutáveis da Divindade, sem a vontade da qual nada pode acontecer. Se tudo fosse necessário, adeus ao livre-arbítrio do homem, do qual os padres têm tão grande necessidade para poderem daná-lo.

FÉ. É uma santa confiança nos padres, que nos faz crer em tudo aquilo que eles dizem, mesmo sem compreendermos nada sobre isso. É a primeira das virtudes cristãs. Ela é *teologal*, ou seja, útil aos teólogos; sem ela não há religião e, portanto, não há salvação. Seus efeitos são mergulhar em um santo embrutecimento, acompanhado de uma piedosa teimosia e seguido de um profundo desprezo pela razão profana. Percebe-se que esta virtude é muito vantajosa para a Igreja. Ela é a consequência de uma graça sobrenatural que proporciona o hábito de disparatar ou o temor de fazer maus negócios. De onde se segue que aqueles que não receberam esta graça ou que não tiveram a oportunidade de adquirir este santo hábito não são de utilidade alguma para os padres e, por conseguinte, só servem para ser atirados na lata do lixo.

FÉ DO CARVOEIRO. É aquela que professam todos os cristãos sinceros: ela consiste em acreditar em tudo aquilo que acredita o sr. Vigário; e aquilo em que acredita o sr. Vigário é aquilo em que os seus paroquianos imaginam crer se fiando nas arriscadas palavras do sr. Vigário.

FEITICEIROS. O Espírito Santo outrora acreditava neles, como se vê na Bíblia; nossos padres acreditaram neles durante muito tempo. Agora não se acredita mais neles. Se isso continuar, logo não se acreditará em mais nada.

FESTAS. Dias sabiamente destinados pela Igreja a uma santa ociosidade, que é sempre favorável à devoção. Durante as festas, um artesão não pode, sem cometer um crime, trabalhar para ganhar o seu pão, mas deve apenas ficar se embriagando em La Courtille, quando tem meios para isso – o que faz um grande bem à sua alma ou ao fisco. No entanto, o mais seguro a fazer é passar o dia olhando para o teto.

FIÉIS. São os bons cristãos fielmente ligados a Deus, ou seja, aos seus padres, contra tudo e contra todos. Os fiéis, como se sabe, só devem ser fiéis aos seus príncipes quando os próprios príncipes são fiéis à Igreja, ou seja, bem submissos aos seus padres.

FIGURAS. Símbolos, alegorias. Maneiras obscuras de se exprimir muito familiares ao Espírito Santo, que jamais quis falar claramente com aqueles que ele queria iluminar; tudo isso para fornecer aos doutores da Igreja a oportunidade de nos mostrar a sua espantosa sagacidade.

FILHO DE DEUS. É a mesma coisa que o filho do homem. O filho do homem é a mesma coisa que o Deus seu pai, e Deus seu pai é a mesma coisa que seu filho e que seu Espírito Santo. Essa linguagem pode parecer papo-furado para aqueles que não têm fé alguma, mas a Sorbonne não vê nisso nada de muito embaraçoso.

FILIAL. O temor filial está misturado com o amor, e é aquele que todo cristão deve ter por um Deus de muito mau humor, que é o seu queridíssimo Pai, e pela Santa Igreja, sua mamãe – que não é a comadre mais fácil deste mundo.

FILÓSOFOS. São os pretensos amigos da sabedoria e do bom senso; de onde se vê que são velhacos, ladrões, patifes, vagabundos, ímpios, pessoas detestáveis para a Igreja, a quem a sociedade não deve senão feixes de lenha e fogueiras. Os tratantes têm a insolência de advertir os homens de que estão afanando a sua bolsa aqui embaixo enquanto os obrigam a olhar para o alto. *Este artigo é do sr. Palissot[2] e do advogado Moreau[3].*

FINANCISTAS. São os publicanos do Novo Testamento; com exceção do tesoureiro do clero, eles serão todos danados, a menos que alguns padres caridosos os desembaracem de uma porção do *Mamon da iniquidade*[4].

FLAGELAÇÕES. Santas e salutares pancadas que dão em si mesmos os cristãos mais perfeitos, com a intenção de mortificar a carne, tornar o espírito vigoroso e pôr de bom humor o Pai das misericórdias – que ri em suas barbas divinas todas as vezes em que lhe mostram um traseiro ou umas costas bem e devidamente maltratados.

FOGO. A religião cristã é uma religião de fogo. Os bons cristãos devem arder sem cessar de amor divino, os padres devem arder de zelo, os príncipes e os magistrados devem passar todo o seu tempo queimando os heréticos

---

2. Charles Palissot de Montenoy (1730-1814): Escritor e dramaturgo francês, autor da célebre *Comédia dos filósofos* (1760), na qual satirizava violentamente os enciclopedistas.
3. Jacob Nicolas Moreau (1717-1804): Escritor, historiador e jornalista francês, defensor do absolutismo e obstinado adversário dos filósofos iluministas.
4. Mamon é o nome pelo qual Mateus (6, 24) designa a riqueza ("Não se pode servir a Deus e a Mamon").

ou os descrentes. Enfim, os carrascos deveriam incessantemente queimar livros ao pé da grande escadaria do Palácio da Justiça.

FOLHA DOS BENEFÍCIOS. É o barômetro da fé do clero da França. Ele está sujeito a variar há algum tempo; com relação ao termômetro da fé, ele está quase sempre, na corte, abaixo de zero.

FORÇA. Virtude muito necessária à sustentação da fé e à prosperidade da Igreja. Ela consiste, no clero, em forçar por todos os meios aqueles que são teimosos a pensar como ele. Nos leigos, ela consiste em resistir com vigor às sugestões do bom senso, que poderia daná-los, e em carregar com confiança o jugo dos padres do Senhor.

FRANCISCANOS. Monges mendicantes que há quinhentos anos edificam a Igreja de Deus através da sua temperança, da sua castidade e dos seus belos argumentos. Eles não possuem propriedade alguma; sua sopa, como se sabe, pertence ao Santo Padre.

FRAUDES PIEDOSAS. São as santas velhacarias, as mentiras religiosas, as imposturas piedosas das quais o clero se serve muito legitimamente para alimentar a devoção do vulgo, para fazer valer a boa causa e para prejudicar os seus inimigos – contra os quais, como se sabe, tudo é permitido.

FULMINAÇÕES DA IGREJA. É a artilharia espiritual. Ela é composta de morteiros e de canhões intelectuais que os chefes da Igreja têm o direito de apontar contra as almas daqueles que têm a temeridade de lhes desagradar. Essa artilharia metafísica não deixa de ferir os corpos, quando ela é sustentada pela artilharia física que se conserva nos arsenais dos príncipes seculares.

FUNDAÇÕES. Rendas concedidas aos padres e aos monges para fazer que eles bebam bem, comam bem, cantem bem e vegetem bem. Tudo isso para que as vinhas daqueles que não têm tempo de sobra para cantar não sejam destruídas pelo granizo. São os padres, como se vê, que fazem a chuva e o bom tempo na Terra.

FUTURO. É um país conhecido pelos geógrafos espirituais, onde Deus pagará, sem falta, no seu vencimento, todas as notas promissórias que os seus comissários ou corretores assinaram para que fossem quitadas por ele: nunca se soube, até hoje, que ele tenha deixado serem protestadas as promissórias dos seus administradores. Elas são, como se sabe, sempre pagáveis à vista.

G

GANSA. Alguns contos são chamados de *contos da mamãe gansa*[1]. Os contos que a Igreja nos conta são contos da mamãe gansa, já que nós somos gansinhos[2] e que a Igreja é nossa mãe.

GLÁDIO. Jesus Cristo, para o bem do gênero humano, veio trazer o gládio; a Igreja de Deus, que é muito sujeita a se zangar, possui em seu arsenal dois gládios; um é o *gládio espiritual*, que vos despacha a alma, e o outro é o *gládio temporal*, que vos despacha o corpo; é o meio de devolver às pessoas a razão. Na falta desses dois gládios, a Igreja está ainda de posse de um pequeno *cutelo*, mas ela o esconde com cuidado, com medo de que ele lhe seja tomado; ela nunca se serve dele a não ser nas grandes ocasiões. Cf. *Regicídios*.

GLÓRIA DE DEUS. Nós não podemos duvidar de que Deus seja orgulhoso como um escocês; seus ministros nos dizem isso a todo instante. É para a maior glória de Deus que eles põem o universo de pernas para o ar – o que é muito legítimo, já que Deus criou o universo

---

1. O mesmo que "contos da carochinha". *Contos da Mamãe Gansa* é o nome de um livro de histórias infantis da autoria de Charles Perrault.
2. Jogo de palavras com o termo *oie*, que significa ao mesmo tempo "gansa" e "pateta".

apenas para a sua glória, que se confunde sempre com a dos seus padres.

GRAÇA. Dom gratuito que Deus concede a quem bem lhe apetece, reservando-se – como é de razão – o direito de punir todos aqueles a quem ele não a quis conceder. Não está ainda bem decidido se, para produzir o seu efeito, a graça deve ser *eficaz* ou *suficiente*. É preciso esperar que Deus nos dê a sua graça para sabermos como lidar com a natureza dela.

GRANDEZAS. A Igreja de Deus despreza as grandezas deste mundo. Seus ministros não têm nenhum interesse por isso; os bispos têm uma aversão marcada pelos títulos, as comendas, os séquitos etc. Eles ficam, sobretudo, muito ofendidos quando lhes dão o título de *grandeza*.

GUERRAS DE RELIGIÃO. Sangrias salutares e abundantes que os médicos das nossas almas receitam para os corpos das nações que Deus quer favorecer com uma doutrina bem pura. Essas sangrias têm sido frequentes desde a fundação da Igreja; elas se tornaram muito necessárias para impedir os cristãos de rebentar de plenitude com as graças que o céu espalha sobre eles.

H

HÁBITO. Vestimenta sagrada reservada para os monges, que são homens de Deus. Por um milagre espantoso, o hábito lhes comunica o dom da continência a partir do momento que eles o envergam. Nós temos a comprovação disso no cão do sr. de Maulévrier, do qual fala o amigo Rabelais.

HERESIAS. Elas são necessárias à Igreja para exercitar os talentos e desenferrujar as espadas dos nossos gladiadores sagrados. Qualquer opinião contrária à dos teólogos, nos quais nós temos confiança ou que têm bastante credibilidade para fazer que a sua prevaleça, é visivelmente uma *heresia*. De onde se vê que os heréticos são sempre aqueles dentre os teólogos que não têm batalhões suficientes para se tornarem ortodoxos.

HETERODOXOS. São todos aqueles que não pensam como os ortodoxos ou que não têm força para se tornar ortodoxos.

HIERARQUIA. É a ordem das diversas posições que ocupam os ministros de Jesus Cristo na casa de seu Pai – onde ele próprio disse que não haveria nem primeiros nem últimos. Porém, a mulher de Jesus Cristo, que entende dos negócios bem melhor do que ele, decidiu isso de uma forma muito diferente. Existe agora na família divina tanta distância entre um bispo e um pároco quanto entre o Bom Deus e São Crispim – que não passava de um sapateiro de Soissons.

HIPOCRISIA. Meio fácil de subir na vida, ligando-se aos interesses do clero. Os hipócritas são de um grande auxílio para a causa de Deus; eles a defendem comumente com muito mais zelo do que os devotos sinceros, que são quase sempre muito simplórios. *Este artigo é do Marquês de Pompignan*[1].

HISTÓRIA ECLESIÁSTICA. Estudo muito necessário às pessoas da Igreja, mas muito nocivo para os leigos – que nem sempre poderiam ter uma fé bastante robusta para não ficarem escandalizados com os piedosos maus procedimentos dos ministros do Senhor.

HOLOCAUSTOS. Vítimas assadas ou queimadas em sacrifício. A Divindade teve, em todos os tempos, um gosto acentuado pela carne grelhada, visto que os seus sacerdotes tiraram um bom partido disso. Depois do cristianismo, seus padres mais desprendidos fazem que lhe sejam grelhadas algumas vítimas, mas se abstêm de comê-las: sua cozinha já está bastante bem provida sem isso.

---

1. Cf. nota 3, verbete *Eternidade*.

HOMEM. O homem ordinário é definido como um animal composto de carne e de ossos, que anda sobre duas patas, que sente, que pensa e que raciocina: segundo o Evangelho e São Tiago, o homem não deve nem sentir, nem pensar, nem raciocinar. Ele deveria até mesmo, para agir bem, andar nas quatro patas, a fim de que os seus padres pudessem montar nas suas costas com mais facilidade.

HOMEM HONESTO. É impossível ser assim se não se está intimamente convencido de que a Igreja é infalível e de que seus padres não podem nem mentir nem ter ideias errôneas. É evidente que um homem que não teme ser danado no outro mundo jamais sentirá que é preciso ser estimável neste aqui, e não temerá os castigos ou o desprezo da sociedade.

HOSPITAIS[2]. Fundações piedosas em favor dos pobres, quer dizer, daqueles que administram os seus bens. Deus recompensa comumente nesta vida os cuidados caritativos que eles concedem aos pobres: quase não há administrador que não viva na maior abundância e que não se encontre muito bem no hospital.

---
2. Na origem, os hospitais não cuidavam apenas de doentes, mas abrigavam os pobres, os desamparados e os viajantes de passagem.

HUMANIDADE. Virtude da moral profana que é necessário sufocar quando se quer ser um bom cristão. Ela não concorda quase nunca com os interesses da Divindade – porque, com humanidade, os padres estariam passando fome. Além disso, eles estão tão ocupados com os interesses do céu que quase não têm tempo para pensar nos do gênero humano.

Se os padres não têm nenhuma humanidade, em compensação eles nos mandam fazer boas *humanidades*, que consistem em nos ensinar um pouco de mau latim e muito de catecismo. Cf. *Educação cristã e Universidades*.

HUMILDADE. Virtude cristã que prepara para a fé. Ela é, sobretudo, muito útil aos ministros do Evangelho, dos quais é muito importante acatarmos as luzes, de preferência às nossas. Ela consiste em desprezar a si mesmo e em temer a estima dos outros; percebe-se o quanto esta virtude é apropriada para formar grandes homens. Na Igreja de Deus, tudo respira humildade. Os bispos são humildes, os jesuítas são humildes; um cardeal não se considera mais do que um guardião dos capuchinhos; o papa se coloca humildemente acima de todos os reis, e os reis são muito humildes para com o porteiro do paraíso.

IDEIAS INATAS. É assim que são chamadas as noções que as babás e os padres inspiraram desde cedo, e que eles repetiram tantas vezes que, ao nos tornarmos adultos, a gente acredita sempre tê-las tido ou tê-las recebido desde o ventre da nossa mãe. Todas as ideias do catecismo são evidentemente ideias inatas.

IDOLATRIA. Culto religioso que é prestado aos objetos materiais e inanimados. Ele não é devido senão ao verdadeiro Deus e não pode, sem crime, ser transferido para as criaturas – a menos que o verdadeiro Deus tenha a fantasia de se transformar em bolacha ou de transformar a bolacha nele, o que modifica a tese.

IGNORÂNCIA. É o contrário do conhecimento e a primeira disposição para a fé. Percebe-se toda a sua importância para a Igreja. Quando os leigos deixam de ser devidamente ignorantes, a fé diminui, a caridade esfria e as ações do clero despencam na praça.

IGREJA. É o mesmo que dizer o clero; ora, esse clero é a mulher de Jesus Cristo. É ela quem usa as calças. Seu marido é um boneco que não se mete em nada e que nunca a contradiz para poder ter paz em sua casa.

Com efeito, a boa senhora não é nada fácil; algumas vezes ela trata os seus filhos rebeldes com uma dureza que o seu papai não aprovaria, se ele ousasse se envolver no governo doméstico.

IMATERIAL. É aquilo que não é material ou aquilo que é espiritual. Se vós quereis alguma coisa a mais, dirigi-vos ao vosso vigário, que vos provará que Deus é imaterial e que a vossa alma é imaterial: se o vosso espírito demasiado material não compreender nada disso, esperai que a fé vos venha ou temei que o vosso espírito obtuso seja um dia materialmente ou espiritualmente grelhado por ter sido muito material.

IMENSO. Deus é imenso, ele está em toda parte, ele preenche tudo.

– Ele está, portanto, em mim, quando eu cometo uma tolice?

– Eh! De maneira alguma, seu grande estúpido! Ele está em toda parte, sem, no entanto, estar em vós.

– Ah! Entendo, é um mistério.

IMITAÇÃO. A religião cristã nos ordena imitar o Deus que nós adoramos. De onde se vê que nós devemos fazer armadilhas para os homens, puni-los por terem caído nelas, exterminar os infiéis, afogar ou queimar os pecadores. Enfim, fazer-nos pendurar em um poste, a fim de nos assemelharmos ao nosso divino modelo.

IMORTALIDADE. Qualidade própria da nossa alma, que, como se sabe, é um espírito. Ora, um espírito é uma substância que nós não conhecemos, da qual está demonstrado que não pode ser destruída como as substâncias que nós conhecemos. É essencial para a Igreja que a nossa alma seja imortal; sem isso, nós poderíamos muito bem não ter necessidade dos ministros da Igreja, aquilo que forçaria o clero a pedir falência.

IMPENITÊNCIA. É um endurecimento no pecado; quando se persevera até a morte em sua rebelião contra a Igreja, a impenitência chama-se *final*, e é o mais horrível dos pecados aos olhos do clero – que jamais pode consentir que Deus o perdoe.

IMPIEDADES. É tudo aquilo que atenta contra a honra de Deus, ou seja, do clero.

ÍMPIOS. São pessoas que não são pias ou que, carecendo de fé, têm a impertinência de rir das coisas que os devotos e os padres são unânimes em considerar como sérias e santas. Uma mulher ímpia é aquela que não é uma *pia*[1] como sua comadre devota, ou sua vizinha jansenista ou sua tia beata.

IMPLÍCITO. É o caráter que deve ter a fé quando ela está bem condicionada. Esta fé é a mesma coisa que a *fé do carvoeiro*. Ela consiste em jamais duvidar daquilo que diz o sr. Pároco, quando se é católico; daquilo que diz o professor Vernet[2], quando se é genebrino; e daquilo que diz o mufti[3], quando se é um burguês de Constantinopla.

IMPORTANTE. Não há nada de mais importante no mundo do que aquilo que importa aos padres fazer considerar como importante. O mundo cristão tem há vários séculos a felicidade de ser perturbado por algumas palavras importantes, alguns argumentos importantes, épocas importantes, cerimônias importantes, capuzes importantes, bulas importantíssimas etc.

IMPOSIÇÃO DAS MÃOS. Cerimônia sagrada requerida para fazer padres, e não impostores – como o seu nome pa-

---

1. Trocadilho. Em francês, a palavra *pie* pode ser traduzida como "pia" (devota), mas também como "pega" (certa espécie de ave europeia). Neste último caso, tem o sentido figurado de "faladeira".
2. Jacob Vernet (1698-1789): Calvinista suíço. Professor de letras e teologia e inimigo de Voltaire e Rousseau. É lembrado principalmente por ter sido encarregado por Montesquieu da edição de seu *Do espírito das leis*, publicado originalmente em Genebra (1748).
3. Líder religioso muçulmano encarregado de dar a última palavra em todas as questões referentes à religião.

receria indicar. Por intermédio desta santa magia, que é chamada de *quirotonia*, o Espírito Santo desce sobre o crânio de um padre, que a partir daí não pode mais dizer senão verdades – desde que, todavia, aquilo que ele diz seja aprovado pelo seu bispo, que sempre tem, como se sabe, a fé em primeira mão.

IMPRENSA. Invenção diabólica e digna do Anticristo; ela deveria ser proscrita de todos os países cristãos. Os fiéis não têm necessidade de livros, um terço lhes basta. Para agir bem, não se deveria imprimir senão o breviário e o *Pedagogo cristão*[4].

IMUNIDADES. Privilégios muito prudentemente concedidos por alguns príncipes ou, antes, pela própria Divindade aos seus servidores. Em virtude das imunidades, eles podem ser muito insolentes cá embaixo e estão isentos de contribuir como os outros para as necessidades da sociedade. Deus jamais fica de tanto mau humor como quando se toca nas imunidades da sua gente. Ele comumente se vinga disso, seja à viva força ou traiçoeiramente.

---

4. *O pedagogo cristão ou a maneira de viver santamente*, clássico religioso escrito em 1629 pelo padre jesuíta francês Philippe d'Outreman (1585-1652).

IMUTÁVEL. Deus é imutável, ou seja, não é suscetível de mudar. No entanto, nós descobrimos nos seus papéis que muitas vezes ele mudou de projetos, de amigos e até mesmo de religião: mas todas essas mudanças não podem prejudicar a sua imutabilidade nem a dos seus padres – que jamais mudam de ideia quanto à intenção de fazer com os leigos tudo aquilo que quiserem.

INCESTO. Crime contranatural que era permitido nos tempos de Adão e que, muitas vezes, o papa ainda permite quando ele é bem pago. É um pecado imperdoável se deitar com a sua madrinha – comete-se então um incesto espiritual, o que é tão terrível quanto um incesto corporal.

INCOMPREENSÍVEL. Deus é incompreensível, assim como os mistérios da religião: só os padres é que podem compreender alguma coisa sobre isso, o que faz ver a profundidade da sua cachola sagrada.

INCRÉDULOS. São os patifes que não são crédulos. Eles têm a impertinência de supor que Deus bem poderia não ter dito todas essas coisas que fazem que ele diga, e que os seus padres bem poderiam querer fazer acreditar nelas. Vê-se evidentemente que pessoas dessa têmpera são inúteis para o clero e, por conseguinte, para a sociedade – que não pode dispensar o clero. Aliás,

Santo Agostinho – que meditou muito sobre isso – nos assegura que *a incredulidade é o pecado dos pecados*.

INDEFECTIBILIDADE. Deus prometeu, ele próprio, à sua Igreja que ela seria sempre amável, que ela não envelheceria, que ela não caducaria jamais e que as portas do inferno não prevaleceriam contra ela. Apesar dessas garantias, ela faz o diabo a quatro logo que lhe dizem uma palavra de esguelha – aquilo que não provém do fato de que ela careça de fé, mas do fato de que ela teme carecer de dinheiro e de crédito, que lhe são muito necessários para alimentar a sua fé.

INDULGÊNCIAS. Graças espirituais que a Igreja ou o papa concedem aos fiéis, e cujo efeito é perdoar os pecados passados, presentes e futuros. Essas indulgências não devem ser de maneira alguma confundidas com aquilo que os profanos chamam de *indulgência* – essa é uma disposição da qual o clero jamais teve motivos para se gabar.

INEFÁVEL. Todas as qualidades divinas são inefáveis, ou seja, estão acima de qualquer expressão, acima da compreensão humana. Porém, como os padres raciocinam incessantemente sobre isso, os bons cristãos devem devotamente supor que eles sabem muito bem aquilo que eles dizem quando falam de coisas inefáveis das quais o vulgo nada compreende.

INFALIBILIDADE. Privilégio exclusivo concedido à Igreja pela própria Divindade. Seus bispos reunidos em um corpo não podem errar com relação à fé todas as vezes que eles não decidem nada ou todas as vezes que eles são bastante fortes para fazer que as suas decisões sejam aceitas. Segundo alguns cristãos, o papa é infalível, mas muitos outros têm a coragem de duvidar dessa verdade. Em geral, é possível dizer que todo padre, todo pároco, todo predicante, todo rabino, todo imã etc. desfrutam da infalibilidade todas as vezes que existe perigo em contradizê-los. Todo sacerdote que tem poder é evidentemente infalível.

INFÂNCIA. Estado de fraqueza, de ignorância e de imbecilidade, no qual é necessário conservar e mergulhar os cristãos, a fim de que os padres possam conduzi-los mais facilmente ao paraíso – do qual eles estariam excluídos caso se tornassem bastante grandes para se conduzirem por si mesmos ou para caminharem sem andadeiras.

INFERNO. É o fogão da cozinha que faz esquentar neste mundo a panela sacerdotal. Essa cozinha foi fundada em benefício dos nossos padres. É para que eles se alimentem bem que o Padre Eterno, que é o seu cozinheiro-chefe, coloca no espeto aqueles dos seus filhos que não tiverem tido, pelas suas lições, a deferência que lhes é devida. No festim do cordeiro, os eleitos comerão os incrédulos grelhados, os ricos guisados, os financistas ao vinagrete etc. etc. etc.

INFINITO. É aquilo que não é finito ou de que não se conhece o término. Deus é infinito, o que quer dizer que os teólogos não sabem com certeza até onde as suas qualidades se estendem. O clero partilha com Deus a infinitude; como Deus, ele é infinitamente sábio, infinitamente poderoso e infinitamente respeitado pelos cristãos, que são de uma infinita simploriedade.

INGRATIDÃO. Disposição odiosa nos leigos, que não devem jamais perder de vista as obrigações infinitas que eles têm para com o seu clero. Este último pode ser ingrato, quer dizer, ele não deve ter obrigações para com ninguém, aqui embaixo, pelas rendas, privilégios e benefícios que lhes são concedidos; aqueles que lhes concedem essas coisas nunca passam de instrumentos dos quais Deus se serve para obsequiar os seus amigos do clero. Os padres são, por consciência, obrigados a ser ingratos, mesmo que seja apenas para cumprir a profecia de Miqueias, que disse sobre eles: *Se a gente lhes dá alguma coisa para comer, eles logo nos declaram guerra*[5]. Nossos padres são muito polidos para desmentir um profeta.

INJÚRIAS. Expressões polidas e caritativas das quais os teólogos se servem entre si ou contra os seus adversários, quando eles querem conciliar as coisas ou então quando se trata de responder às dificuldades que lhes são propostas. As injúrias são argumentos muito convincentes. No entanto, é ainda mais seguro responder com alguns feixes de lenha.

INOVADORES. São todos aqueles que, sem o reconhecimento dos teólogos mais acreditados, assumem ares de ensinar alguma doutrina na qual esses grandes personagens ainda não haviam pensado. Só eles têm o direito de corrigir, de alterar e de explicar os decretos eternos da Divindade e de fabricar, quando necessário, alguns dogmas na moda para o uso das mulheres – que, como se sabe, se comprazem com as mudanças, sobretudo quanto à doutrina.

INQUISIÇÃO. Tribunal sagrado, ou seja, composto de padres e de monges independentes do poder civil, que receberam – como é de razão – o direito de julgar sem

---

5. Miqueias, 3, 5: "Assim fala o Eterno sobre os profetas que desencaminham o meu povo, / Que anunciam a paz se os seus dentes têm alguma coisa para morder, / E que publicam a guerra se a gente não lhes põe nada na boca".

apelação em sua causa própria e de fazer queimar aqueles que pleiteiam contra eles. Com a ajuda desse santo tribunal, os príncipes que o autorizam têm a vantagem de ter súditos bem ortodoxos, bem devotos, bem tratantes e sempre bem dispostos a tomar o partido do clero contra o poder temporal. É uma grande pena que até aqui ainda não se tenha percebido, na França, a utilidade de um tão santo tribunal.

INSPIRAÇÕES. São ventos espirituais saídos do traseiro ou da boca do Espírito Santo, que sopram nos ouvidos de alguns homens escolhidos. Deus se serve desses ventos como de uma buzina, para fazer que as suas vontades sejam conhecidas pelo vulgo espantado com as belas coisas que lhe anunciam.

INSTRUÇÕES CRISTÃS. Elas consistem em contar fábulas sagradas e em combater a razão dos fiéis que se quer instruir. Essas funções sublimes pertencem exclusivamente ao clero, que desfruta do direito divino de tornar os povos tão imbecis e tão loucos quanto os seus interesses o exijam.

INTERDITO. Castigo medonho que os chefes da Igreja infligem algumas vezes aos súditos dos príncipes que eles querem devolver à razão. Ele consiste em privar os povos do culto, das cerimônias e das graças espirituais sem as quais os trigos não brotariam e as vinhas seriam infalivelmente destruídas pela geada. Antigamente, os papas empregavam com sucesso esse remédio contra a indocilidade dos soberanos. Eles estão mais parcimoniosos com o interdito, depois que a fé esfriou sobre a Terra.

INTERESSE. Os ministros da Igreja são, de todos os homens, os mais desinteressados por si mesmos. Eles jamais têm em vista senão os interesses de Deus, que, como se sabe, é muito interesseiro, assim como sua esposa, que não o é menos do que ele. A Igreja tem necessidade de dinheiro para sustentar a casa. Sabe-se que os padres têm um grande interesse pelas almas, sobretudo quando essas almas se interessam pelo clero.

INTÉRPRETES. São santos chicaneiros que a Igreja encarrega dos seus negócios, quando eles estão bem embrulhados. À força de cismar, eles comumente conseguem fazer que o bom senso perca o processo.

IRMÃOS. Todos os cristãos são irmãos, ou seja, estão em querela pela herança do sr. seu Pai, cujo testamento se tornou muito obscuro, graças aos irmãos teólogos. *Rara est concordia fratrum*[6].

---
6. "É rara a harmonia entre os irmãos". (Ovídio, *Metamorfoses*, I, 145).

J

JANSENISTAS. Católicos bastardos que, a despeito do Santíssimo Padre, do clero e da corte, querem a todo custo se passar por muito ortodoxos. A graça eficaz ainda não pôde até aqui se fazer apreciar na corte. Em compensação, ela tem a seu favor a rua Saint-Honoré, o Marais e o Halles[1], sem contar vários dos nossos senhores do parlamento. Os *jansenistas* são bastante doces quando não são os mais fortes; sua caridade se azeda um pouco quando eles têm a força nas mãos. Apesar da austeridade dos seus costumes, os seus rostos às vezes se alegram com a visão dos esplêndidos milagres que Deus opera a cada dia na surdina em seu favor. É sobretudo na Quaresma que a sua alegria se manifesta. Para a edificação das pessoas de bem, irmã Francisca dava precedentemente um baile, na Sexta-Feira Santa, na rua Saint-Denis, em uma alameda defronte a Saint-Leu e Saint-Gilles[2]. Dizem que ela morreu à força de tanto se dar ares ali. Cf. *Convulsionárias* e *Socorros*. *Este artigo é do sr. Abraham Chaumeix*[3].

---

1. Bairros de Paris.
2. Nome de uma igreja de Paris.
3. Abraham Joseph de Chaumeix (1730-90): Outro inimigo declarado dos filósofos, autor da volumosa obra *Preconceitos legítimos contra a Enciclopédia e ensaio de refutação desse dicionário* (8 volumes, Bruxelas: Hérissant, 1758-9).

JEJUM. Abstinência de alimentação. É uma prática muito agradável à Divindade, que só nos deu estômago e alimentos para nos convidar a nos deixarmos perecer de inanição. Quando não se pode jejuar por si mesmo, é bom fazer os seus criados jejuarem. Uma das grandes vantagens do jejum é nos dispor a ver aquilo que os padres querem nos mostrar. Quando o estômago está vazio, a cabeça fica disposta a delirar. São Bernardo nos ensina que, quando o corpo jejua, nossa alma se banqueteia e se torna gorda como um porco.

JERUSALÉM. Existem duas cidades com esse nome, uma situada na Judeia e a outra, no quinquagésimo grau dos espaços imaginários. Esta última é, segundo São João, uma bela cidade toda de diamantes, de esmeraldas e de rubis. Os cristãos que tiverem se mortificado bem aqui embaixo irão um dia se banquetear por lá.

JESUÍTAS. Monges muito negros e muito guerreiros, que há dois séculos vieram reanimar a fé moribunda. São os janízaros do papa, a quem eles muitas vezes colocam em má situação. Eles são os depositários do cutelo da Igreja, cujo cabo está em Roma, na casa do aga dos janízaros[4]: há pouco tempo, o padre Malagri-

---

4. Eram chamados de janízaros os soldados da infantaria turca, cujo comandante recebia o nome de *aga*. Neste verbete, Holbach utiliza

da[5] perdeu a sua lâmina em Portugal, e seus confrades foram perigosamente feridos por ela. *Este artigo é do Reverendo Padre Crouste*[6].

JESUS CRISTO. Nome que outrora adotou a Divindade quando veio incógnita dar uma volta pela Judeia – onde, por falta de revelar o seu verdadeiro nome, ela foi pendurada em um poste como uma espiã. Sem esse feliz quiproquó, o gênero humano estaria perdido. Ele não teria tido a teologia nem o clero, e a França jamais teria ouvido falar da bula *Unigenitus*.

JONAS. Profeta rabugento e colérico. Ele ficou três dias no ventre de uma baleia, que foi finalmente obrigada a vomitá-lo, já que um profeta é um bocado difícil de digerir. Deus o encarregou de mentir em seu nome aos ninivitas, o que o deixou de bom humor. Um profeta comumente não procura senão comprar brigas.

---

o termo janízaro em sentido figurado, para designar os capangas ou guarda-costas de um tirano.
5. Gabriel Malagrida (1689-1761): Jesuíta italiano queimado em Lisboa sob a acusação de heresia. Atuou no Brasil durante décadas, como evangelizador e catequista, sendo considerado "o apóstolo do Brasil". A referência a Malagrida deve-se ao seu provável envolvimento em um atentado contra o rei de Portugal, Dom José, em um episódio que ficou conhecido como "a conspiração dos Távoras" (1758).
6. Provavelmente uma zombaria, já que a tradução literal seria "crosta".

JOSÉ (SÃO). É o pai putativo do Deus filho; o modelo dos bons maridos, o patrono dos cornos. Ele era sujeito a ter visões quiméricas[7], enquanto a sua cara-metade se divertia com Deus ou com seus anjos ou então com o Pantera[8].

JUBILEU. Tempo de recreação e de alegria que o papa concede às suas ovelhas para se rejubilarem no prado espiritual através de mil práticas divertidas, que sempre contribuem para estrumar o terreno da Igreja.

JUDEIA. País pedregoso e estéril, quase tão vasto quanto o reino de Yvetot[9], que, por um milagre surpreendente, gerava para os seus reis tantos rendimentos quanto a Europa inteira, deduzidos os gastos da tribo de Levi.

JUDEUS. Nação cheia de amenidade, composta de leprosos, de sarnentos, de tinhosos, de usurários e de trapaceiros, pela qual o Deus do universo, inebriado pelas suas belas qualidades, outrora ficou apaixonado, aquilo que lhe fez dizer e fazer muitas tolices – ele está

---

7. Em francês, *cornues* (cornudas).
8. Segundo Celso, filósofo romano do século II, Jesus seria na verdade fruto das relações adulterinas entre Maria e um soldado chamado Pantera. Esse fato é mencionado em seu *Discurso verdadeiro*, obra de combate ao cristianismo hoje desaparecida.
9. Modesta cidade francesa que, segundo a lenda, desfrutou durante algum tempo da condição de reino, por concessão de Clotário I.

totalmente recuperado disso hoje em dia. Depois que os judeus penduraram o seu filho em um poste, ele não quer mais senão judeus grelhados; a Inquisição está encarregada de abastecer a sua cozinha.

JUGO. O jugo do Senhor é doce, seu fardo é leve. Para carregá-lo mais lentamente, trata-se somente de ter os ombros bem fortes, uma espinha bem flexível, e de entregar a nossa bolsa para ser guardada pelos cocheiros que nos atrelam.

JUÍZO FINAL. Quando o Padre Eterno estiver cheio das tolices que ele faz fazer, que ele deixa fazer ou que ele permite que as suas criaturas (que ele fez tão tolas) façam, ele as reunirá todas no pequeno vale de Josafá para fazê-las prestar contas das suas tolices, como se ele não tivesse nenhum conhecimento delas. Depois disso, asseguram que ele fechará a loja para sempre e o universo não terá mais teólogos nem teologia, para puni-lo por não ter sabido tirar um melhor proveito disso. O Juízo Final será precedido de um julgamento *particular* no qual cada homem, depois da sua morte, prestará contas a Deus – que tudo sabe – das ações que ele poderia ignorar.

JULGAMENTOS TEMERÁRIOS. Eles são proibidos pelo Evangelho, sobretudo aos leigos, que não devem jamais julgar a conduta dos seus guias espirituais. Se eles encontrassem um bispo ou um abade em uma casa suspeita, eles deveriam presumir que ele está ali pelo bem das almas e para a maior glória da Divindade, que não pode ficar zangada porque os seus criados se divertem.

JUSTIÇA DIVINA. Ela não se assemelha de maneira alguma à justiça humana: no entanto, os teólogos sabem muito bem aquilo que ela é. É por um efeito da justiça teológica que Deus faz que todos os homens carreguem a culpa por uma falta cometida por um único. É por justiça que ele fez morrer o seu querido filho inocente para apaziguar a sua própria justiça. É por justiça que ele cozinha eternamente todos aqueles a quem ele recusa a sua graça; é por justiça que os padres fazem queimar aqueles que não receberam a graça de pensar tal como eles. De onde se vê que a justiça teológica ou divina não tem nada em comum com aquilo que os homens chamam de justiça.

JUSTOS. São aqueles cristãos que têm a vantagem exclusiva de agradar à Divindade. A Terra lhes pertence por direito, eles podem se apoderar dela quando são os mais fortes.

L

LATINA (IGREJA). É aquela na qual o povo que não sabe mais latim continua, no entanto, a cantar em latim. Esse uso é muito sensato, já que convém ao clero que os cristãos, semelhantemente aos papagaios, nunca entendam aquilo que eles dizem e não fiquem escandalizados com as belas coisas que lhes fazem cantar no saltério[1] que lhes distribuem.

LEGENDAS. Histórias edificantes e maravilhosas que já não são mais muito lidas depois que alguns críticos de espírito forte esfriaram a credulidade dos fiéis.

LEIGOS. Animais profanos ou imundos que não têm a honra de comer na manjedoura sagrada: são as bestas de carga ou as montarias do clero, com a diferença de que é normalmente o cavaleiro que alimenta a sua montaria, ao passo que na Igreja de Deus o uso quer que a montaria alimente o cavaleiro. Cf. *Asnos*, *Tolos* etc.

LETRAS. Elas são inúteis à Igreja, cujos santos fundadores foram ignaros e iletrados; as únicas letras das quais a Igreja tem necessidade são as das cartas seladas[2].

---

1. O saltério é a reunião dos *Salmos* de Davi, para serem cantados nas igrejas.
2. Existe aqui um trocadilho que não pode ser reproduzido, já que a palavra francesa *lettre* pode ser traduzida como "letra" ou como "carta".

LEVITAS. São os filhos de Levi a quem, para recompensá-los pela sua piedosa ferocidade, o brando Moisés confiou as funções do sagrado ministério. A tribo de Levi tinha degolado, por sua ordem, seus caros concidadãos, que haviam prevaricado por culpa do sumo sacerdote Aarão. De onde se vê que os nossos padres, que sucederam – nos direitos e no zelo – aos levitas, têm razão em fazer degolar os tratantes que alguns padres induziram ao erro.

LIBERDADE DE PENSAR. Ela deve ser reprimida com o máximo rigor. Os padres são pagos para pensar; os fiéis não têm nada a fazer senão pagar generosamente aqueles que pensam por eles.

LIBERDADE POLÍTICA. Ela não é muito do gosto da Igreja. O despotismo é mais vantajoso para os ministros do Senhor; quando o príncipe está selado, toda a nação ganha rédeas ou é forçada a se dobrar sob o jugo do Senhor – que, como se sabe, é sempre o mais leve possível.

LIBERDADES DA IGREJA GALICANA. Os franceses, que são levianos, muitas vezes tratam muito levianamente o Santo Padre. Nossos magistrados são espíritos fortes que negam a sua infalibilidade, que creem que ele próprio está submetido a toda a Igreja, que sustentam que ele não tem, como Samuel, o direito de depor os reis nem mesmo de meter o seu santo nariz nos assuntos temporais deles. Essas máximas recendem furiosamente à heresia para um nariz à romana.

LIBERTINOS. Devem ser chamados de libertinos todos aqueles que não creem absolutamente na religião. É impossível ter bons costumes quando se raciocina. Somente alguns libertinos e devassos é que podem raciocinar e duvidar dos direitos divinos ou da infalibilidade dos padres. Aliás, é evidente que, entre os verdadeiros crentes, nunca se vê libertinagem ou maus costumes.

LIGA. Santa associação formada no século XVI pela Igreja de Deus, cujo efeito salutar foi massacrar um rei da França, dilacerar o reino e fazer que a missa fosse ouvida por um príncipe herético – que se sentiu muito à vontade com isso[3].

LIVRE-ARBÍTRIO. O homem é livre, sem isso os seus padres não poderiam daná-lo. O livre-arbítrio é um pequeno

---

3. A *Liga* é um movimento dos católicos franceses criado em 1576 e chefiado pelo duque de Guise, com o objetivo declarado de combater a expansão do protestantismo e com a intenção implícita de levar o duque ao trono da França, em lugar de Henrique III. Quando Henrique III é assassinado por um monge dominicano, em 1589, seu sucessor é o protestante Henrique de Navarra (Henrique IV da França) – que, para pacificar o reino, se converte ao catolicismo poucos anos depois.

presente com o qual, por um honroso favor, Deus gratificou a espécie humana. Com a ajuda desse livre-arbítrio, nós desfrutamos – acima dos outros animais e das plantas – da faculdade de podermos nos perder para sempre, quando o nosso livre-arbítrio não está de acordo com as vontades do Todo-Poderoso – este tem, então, o prazer de punir aqueles que ele deixou livres para atormentá-lo.

LIVRO DA VIDA. É um pequeno registro muito curto no qual Deus, para auxiliar a sua memória, escreve ou manda que o seu primeiro-secretário escreva os nomes dos cinco ou seis devotos que, a cada século, têm a felicidade de agradá-lo ou de encher de orgulho o clero.

LIVROS. Somente os livros de cantochão é que são úteis à Igreja. Pode-se também permitir aos cristãos que leiam *A imitação de Jesus Cristo*[4], *A lenda dourada*[5] e as *Horas*[6]. Todos os outros livros não servem senão para serem queimados ou colocados em uma biblioteca de monges, onde eles não estão em condições de prejudicar ninguém.

---

4. Célebre obra religiosa atribuída ao monge alemão Thomas A. Kempis (1379?-1471).
5. Livro escrito no século XIII por Jacques de Voragine que narra fatos da história eclesiástica e a vida idealizada de algumas das figuras mais importantes da Igreja.
6. Os "livros de horas" eram muito comuns durante o final da Idade Média e a Renascença, servindo para orientar os fiéis na sua devoção privada. Em geral, esses livros traziam um resumo simplificado do breviário.

LOBISOMEM. Deveria ser de fé acreditar neles; é sempre útil acostumar os homens a ter medo, a Igreja só pode ganhar com isso. O Diabo é o lobisomem das crianças de quarenta anos.

LÓGICA. Entre os profanos, é a arte de raciocinar. Entre os teólogos, é a arte de disparatar por si mesmo ou de confundir a razão dos outros. A lógica teológica torna-se muito convincente quando ela é apoiada por alguns fuzis e algumas fogueiras.

LOGOGRIFOS. Cf. *Bíblia, Oráculos* e *Teologia*.

LOROTAS. Contar lorotas é o mesmo que contar fábulas; a Igreja tem alguns feixes de lenha[7] dos quais ela se serve para responder às dificuldades que os descrentes opõem às lorotas que ela lhes conta.

LOUCURA. Os bons cristãos se glorificam da *loucura da cruz*[8]. Nada é mais contrário à religião e ao clero do que uma cabeça sensata e racional. Ela não é nunca bem apropriada à fé nem bastante suscetível de fervor ou de zelo. Os muçulmanos têm respeito pelos loucos e, entre

---

7. No original, Holbach faz um jogo com a palavra *fagot*, que significa "lorota" e "feixe de lenha".
8. I Coríntios, 1, 18: "Porque a pregação da cruz é uma loucura para aqueles que perecem; mas para nós, que somos salvos, ela é uma potência de Deus".

os cristãos, os maiores santos são evidentemente aqueles que tiveram o cérebro mais desarranjado.

LUA. Planeta onde asseguram que vão ser restituídas todas as coisas que são perdidas aqui embaixo. Nela, os cristãos reencontrarão algum dia o seu espírito, o seu bom senso e, sobretudo, os escudos que eles dão aos seus padres. Enquanto se espera, a Lua influi grandemente sobre os cristãos, sobre as cristãs e sobre a Igreja de Deus, que é bastante sujeita a caprichos.

LUXO. A Igreja, assim como todas as mulheres, tem – contra a vontade do seu marido – o gosto pelo luxo e pelos enfeites. A Virgem, sua sogra, não tem menos interesse por essas coisas do que a sua nora: ela nunca fica mais contente do que quando lhe põem uma roupa bem enfeitada.

LUXÚRIA. Pecado capital do qual o bom Deus nunca aceita as razões. Por uma graça especial, os padres e os monges estão isentos dele. A graça, oportunamente, vem lhes atar o cordão da batina. Um monge lascivo é um ser de razão[9]. Sabe-se, além disso, que para os padres a fornicação é um caso reservado[10].

---
9. Que só existe na razão, sem nenhuma realidade concreta.
10. São os pecados dos quais só um bispo ou o papa podem absolver.

M

MACERAÇÕES. São meios engenhosos de se tornar bem magro. Deus não gosta dos ventres gordos, a menos que o seu portador seja um bernardino[1]. É preciso que os leigos sejam bem emagrecidos, se eles quiserem se introduzir pela portinhola do paraíso.

MAGIA. Existem de dois tipos: a branca e a negra. A primeira é muito santa e é praticada diariamente na Igreja; seus ministros são feiticeiros que forçam Deus e o Diabo a fazer todos os truques que eles lhes ordenam. A magia negra é ilícita para os leigos: não é permitido senão aos padres ter negócios com o Diabo.

MAGRO. Os cristãos gregos e latinos estão convencidos de que o Altíssimo, semelhantemente a um fiscal aduaneiro, examina com atenção, do alto da sua eterna lucerna, as mercadorias que passam pelo estômago dos fiéis. Ele não pode admitir que durante a Quaresma façam entrar nele perus, frangos ou carneiro. Mas ele fica muito contente quando vê entrarem arenques,

---

1. O mesmo que "cisterciense", da ordem fundada na Idade Média por São Bernardo de Clairvaux. Os monges dessa ordem tinham fama de glutões.

bacalhau, enguias à Needham[2], e mesmo alguns ovos, desde que o monsenhor arcebispo consinta nisso.

MAL. Foi pelo pecado de Adão que o mal entrou neste mundo; se o tolo não tivesse pecado, nós não teríamos tido nem a sarna, nem a tinha[3], nem as micoses, nem a teologia, nem a fé, que é o remédio soberano para todos os nossos males.

MALSONANTE. É chamada assim toda proposição que não soa bem aos ouvidos dos padres. É, por exemplo, uma proposição *malsonante* dizer que os padres não deveriam ser pagos em metal sonante pelas mercadorias espirituais ou pelos sons que eles nos vendem.

MALVADO. Deus é infinitamente bom, mas é essencial fazê-lo – sem nada dizer sobre isso – mais malvado que o Diabo; isso sempre rende alguma coisa para aqueles que sabem o segredo para apaziguá-lo. Com um Deus muito bom, o clero ficaria muito mal com os seus negócios.

MANIQUEÍSMO. Heresia justamente condenada e detestada pelos cristãos. Os maniqueus admitem no universo

---

2. Cf. o verbete *Criação*.
3. Tipo de infecção cutânea causada por fungos.

dois princípios iguais em potência, o que é abominável. Os cristãos admitem um Deus onipotente do qual o Diabo a todo instante pode subverter os projetos, o que é muito ortodoxo.

MAOMETISMO. Religião sanguinária cujo odioso fundador quis que a sua lei fosse estabelecida pelo ferro e pelo fogo. Percebe-se a diferença entre esta religião de sangue e a de Cristo, que não pregou senão a mansidão – e por meio da qual, por conseguinte, o clero estabelece seus santos dogmas pelo ferro e pelo fogo.

MARAVILHOSO. É a base de toda religião; é tudo aquilo que a gente não pode compreender. É tudo aquilo que faz os bons homens e as boas mulheres arregalarem os olhos e serem todo ouvidos. Os malignos que carecem de fé não veem nada de maravilhoso neste mundo além da docilidade do gênero humano e da intrepidez dos padres, que são as grandes maravilhas anunciadas por Jeremias – que sustenta que os sacerdotes não enrubescem jamais; *facies Sacerdotum non erubuerunt*[4]. Cf. Lamentações, 4.

---

4. Holbach parece estar fazendo uma ironia, já que este trecho da vulgata é normalmente traduzido como "Eles não respeitaram a face dos sacerdotes". (Lamentações, 4, 16).

MÁRTIRES. São santos obstinados que se deixam aprisionar, açoitar, dilacerar e queimar para provar ao universo que os seus sacerdotes não estão errados. Todas as religiões têm mártires, mas os verdadeiros mártires são aqueles que morreram pela religião verdadeira. A religião verdadeira é aquela que não é falsa ou cujos sacerdotes têm razão.

MASSACRES. Carnificinas sagradas que, para o bem das nações, a santa teologia instituiu sobre a Terra para a edificação dos eleitos e para a manutenção da fé. Os bons católicos se recordam com alegria dos massacres dos albigenses, dos massacres da Irlanda e, sobretudo, do santo massacre de São Bartolomeu[5], do qual o santo abade de Caveyrac[6] acaba de fazer a apologia.

MATERIALISMO. Opinião absurda – ou seja, contrária à teologia – que sustentam alguns ímpios que não têm bastante espírito para saber o que é um espírito, ou uma substância que não tem nenhuma das qualidades que nós podemos conhecer. Os primeiros doutores da Igreja eram um pouco materialistas; os espertinhos acreditavam

---
5. Uma excelente visão crítica sobre esses três massacres encontra-se no tratado *Das conspirações contra os povos*, de Voltaire, incluído na coletânea *Filosofia clandestina* (Martins Fontes, selo Martins, 2008).
6. Jean Novi de Caveyrac (1713-82). A obra intitula-se *Apologia de Luís XIV e do seu Conselho sobre a revogação do édito de Nantes* (1758).

que Deus e a alma eram materiais. Porém, a teologia modificou tudo isso, e, se os Pais da Igreja reaparecessem hoje em dia, a Sorbonne bem poderia fazê-los assar para lhes ensinar o dogma da espiritualidade.

MATINAS. Prece que se canta durante a noite, na Igreja Romana, para impedir o Padre Eterno, que é sujeito a adormecer, de se distrair das necessidades dos seus filhos queridos.

MÉDICOS. Sabe-se que os padres são os médicos das almas: eles têm o cuidado de nos tornar bem sarnentos a fim de nos proporcionar o prazer de nos raspar por um longo tempo. Quanto aos remédios que eles empregam, eles recorrem de bom grado à purgação, às sangrias e, sobretudo, aos cáusticos[7]. Suas pílulas são amargas: elas nunca são bem douradas, a não ser para eles.

MEDITAÇÃO. Um bom cristão não tem nada melhor para fazer neste mundo do que meditar sem descanso sobre os mistérios da sua religião. É uma tarefa que pode entretê-lo por algum tempo, sobretudo se se propuser a compreender alguma coisa sobre isso.

---

7. Sais ou substâncias metálicas que eram utilizadas pela antiga medicina para queimar ou corroer determinadas áreas do corpo. Trata-se de uma evidente alusão às fogueiras.

MELQUISEDEQUE. Sacerdote que não tinha pai nem mãe; ele era a figura ou o modelo dos nossos padres cristãos, que se desligam – por piedade – de todos os laços de sangue para se ligar à Igreja. Um padre não deve estar ligado nem à sua pátria nem à sua família, quando se trata da bandeira sagrada.

Per calcatum perge patrem,
Per calcatam perge matrem,
Et ad crucis signum evola[8].

MENDICANTES. Monges que juraram a Deus nunca possuir nada de seu e viver à custa daqueles que possuem alguma coisa. Nunca é demais tê-los em um Estado: os mendigos são os amigos de Deus; eles têm ao menos, com os outros, um crédito que eles nunca empregam para eles mesmos.

MERCENÁRIOS. São pessoas que não fazem nada a troco de nada. Os padres do Senhor não são mercenários: eles nos causam medo gratuitamente, eles perseguem gratuitamente, eles perturbam gratuitamente a sociedade e não esperam senão de Deus a recompensa pelos seus esforços – desde que, no entanto, os povos deem uma caução por ele ou lhes paguem antecipadamente.

---

8. "Pisa em cima do teu pai, pisa em cima da tua mãe, e voa para a bandeira da cruz" (São Jerônimo, Epístola a Heliodoro, 14).

MESSIAS. É o libertador do povo de Israel. Este não teve o espírito de reconhecê-lo em um aprendiz de carpinteiro que não pôde livrar a si mesmo de ser pendurado em um poste. Como recompensa, ele livrou da morte e do pecado os cristãos, que depois da sua aventura não morrem e não pecam mais – como qualquer um pode se assegurar, por pouco que queira fechar os olhos.

METAFÍSICA. Ciência muito importante e muito sublime, com a ajuda da qual todos podem se pôr em condições de conhecer a fundo as belas coisas das quais os seus sentidos não lhes fornecem nenhuma ideia. Todos os cristãos são profundos metafísicos; não existe nenhuma remendeira que não saiba imperturbavelmente o que é um puro espírito, uma alma imaterial, um anjo, e aquilo que se deve pensar da graça eficaz por si mesma.

MILAGRES. Obras sobrenaturais, ou seja, contrárias às sábias leis que a Divindade imutável prescreveu para a natureza. Com fé se fazem tantos milagres quanto é possível. Quando a fé diminui, não se veem mais milagres – e a natureza, então, segue muito simplesmente o seu caminho.

MILITANTE. Epíteto que convém à Igreja. Enquanto ela está na Terra, ela está em luta contra a razão; seus ministros são guerreiros que não têm nada melhor para fazer do que esgrimir uns contra os outros para ganhar o dinheiro daqueles que se divertem com os seus combates – ou para mandar fazer execuções militares contra aqueles que se recusam a pagar.

MISERICÓRDIA. Atributo distintivo do Deus dos cristãos, mas não dos seus sacerdotes, que queimam sem misericórdia, neste mundo e no outro, aqueles que não têm a vantagem de lhes agradar. No entanto, os bispos demonstram misericórdia nos seus mandamentos; é à *misericórdia divina* que eles devem os bispados que os reis concedem diante das suas prementes solicitações.

MISSA. É, na Igreja Romana, uma série de cerimônias mágicas, de preces em bom latim e de truques de prestidigitação, que só um padre tem o direito de fazer. A missa serve para lembrar a Deus a morte do seu querido filho – episódio que tanto honra a sua bondade quanto a sua justiça divina.

MISSIONÁRIOS. São santos alistadores que, com o risco de serem açoitados ou enforcados, vão para os países distantes recrutar almas para Deus, mártires para a Igreja e riquezas para os seus conventos. Com a ajuda da aguardente e dos mosquetes, as missões têm bastante sucesso.

MISTÉRIOS. São coisas que a gente não compreende, mas nas quais devemos crer sem compreendê-las, aquilo que se torna facílimo quando se tem fé. Deus, em sua misericórdia, aborrecido com a ignorância dos homens, veio ele próprio esclarecê-los. Ele desceu do seu trono expressamente para lhes ensinar que eles não deviam entender nada daquilo que ele vinha lhes ensinar. Todas as vezes que, na religião, vocês encontrarem alguma coisa embaraçosa para os padres, que eles não podem explicar, e muito contrária ao bom senso, digam que é um mistério. Eis aí o segredo da Igreja.

MÍSTICO (SENTIDO). É um sentido do qual ninguém compreende nada, ou que torna a coisa explicada mais obscura do que antes. Todas as vezes que um teólogo encontra na sua palavra divina alguma coisa oposta ao senso comum, ele deve buscar para ela um sentido místico. A lei nos ordena achar que ele tem razão, embora nem nós nem ele saibamos o que quer dizer nem a coisa que ele explica nem a explicação que ele dá para ela.

MOISÉS. Profeta inspirado por Deus, que lhe deu uma lei divina e santa que Deus foi obrigado a modificar em seguida, já que ela não valia mais nada. Moisés conversava familiarmente com o traseiro de Deus. Ele era o mais doce dos homens, como ele próprio disse. No entanto, ele às vezes mandou degolar alguns milhares de israelitas. Representou, com isso, a figura da Igreja – que, como se sabe, é a mais terna e a mais doce das mães, embora de tempos em tempos faça algumas brincadeiras sangrentas com os seus filhos bem-amados.

MOLINISTAS. São pessoas que têm sobre a graça um sistema oposto ao dos jansenistas. A corte, que se entende perfeitamente em teologia, sempre pendeu um pouco para o sistema de Molina[9], que ela examinou maduramente. Quanto ao clero, ele é comumente da opinião daquele que está com a folha dos benefícios: este último só é contradito por alguns sujeitinhos à toa, que não têm nenhum pedaço a esperar do bolo sagrado.

MONGES. Padres regulares, ou seja, arregimentados; eles andam vestidos de branco, de cinza, de marrom ou de negro; com barbas ou sem barbas; tendo remendos sem barbas ou barbas sem remendos, ou barba e remendos[10]: em poucas palavras, são homens infinitamente úteis à sociedade, da qual – como consequência –

---

9. Luís de Molina (1535-1600): Jesuíta espanhol.
10. Holbach refere-se às características físicas que diferenciam alguns ramos da ordem franciscana: barba e remendos (capuchinhos), remendos sem barba (recoletos), barba sem remendos (penitentes da Ordem Terceira) e sem remendos nem barba (frades menores conventuais).

eles têm o direito de cobrar alguns impostos diários, quando não têm nenhum bem de raiz. Os monges são os sustentáculos e as luzes da Igreja Romana. As nações que são privadas dessa útil mercadoria são ricas e, por conseguinte, serão seguramente danadas. *Este artigo é do Reverendo Padre Hayer*[11], *recoleto*[12].

MORAL CRISTÃ. Ela é bem melhor do que a moral humana ou filosófica, que lhe é bastante oposta. Ela consiste em ser bem devoto, em rezar bem, em crer bem, em ser bem zeloso, bem triste, bem malfazejo e bem ocioso – enquanto a moral profana prescreve ser justo, ativo, indulgente e benfazejo. De onde se pode concluir que, sem a religião cristã, não poderia haver moral sobre a Terra.

MORIBUNDOS. Se os doentes e os moribundos não são mais de uma grande serventia para a sociedade, a Igreja, em contrapartida, tira muito proveito deles. Ela sabe que as pessoas são bastante generosas com aquilo que elas são obrigadas a deixar para trás. É perto do leito dos

---

11. Jean-Nicolas-Hubert Hayer (1708-80): Teólogo e religioso francês de origem prussiana. Hayer escreveu diversas obras para defender a Igreja dos ataques dos protestantes e dos iluministas, das quais a mais importante é *A religião vingada, ou Refutação dos erros ímpios* (em 21 volumes).

12. Pertencente a um dos ramos da Ordem de São Francisco.

moribundos que o clero triunfa; muitas vezes, então, os próprios incrédulos reconhecem os seus erros; eles se rendem a alguns argumentos que o medo ou o enfraquecimento do corpo e do espírito os fazem achar irresistíveis. As verdades da religião nunca são mais bem percebidas do que por aqueles que são incapazes de raciocinar.

MORTE. A morte é o soldo do pecado; sem o pecado de Adão, os homens não seriam mortos, as árvores não seriam mortas, os cães não seriam mortos. Todas as árvores pecaram na pessoa da árvore que carregava o fruto proibido; todos os animais pecaram na pessoa da serpente sedutora; todos os homens pecaram na pessoa de Adão, e eis aí por que os homens, os animais e as plantas estão sujeitos à morte. Consolemo-nos, portanto: a morte, para os cristãos, é a entrada da vida e faz que vivam bem os nossos sacrificadores, que tiram um grande proveito tanto dos mortos quanto dos vivos. Os corvos sagrados e os santos cormorões são fortemente atraídos pelo odor de um cadáver.

MORTIFICAÇÕES. São mil pequenas invenções curiosas que os bons cristãos imaginaram para se fazerem perecer em fogo lento ou para tornarem a sua vida insuportável. É claro que o Deus da bondade só nos deu a vida e a saúde para que nós tivéssemos a glória de destruí-las pouco a pouco. Não é de modo algum permitido se matar de uma vez, isso poderia impedir que o prazer que o bom Deus tem com o nosso sofrimento durasse bastante tempo.

MOSTARDA. Mercadoria muito preciosa e muito rara na religião. Sabe-se que uma fé grande como um grão de mostarda é suficiente para transportar montanhas[13]. Quanto ao papa, ele tem uma provisão tão grande disso que precisa de um homem expressamente para carregá-la; é ele que é designado pelo nome de *primeiro-mostardeiro do papa*[14].

MULHERES. O cristianismo não é nem um pouco gentil com as mulheres bonitas. Ele só faz caso delas quando são feias ou velhas. Aquelas que não têm com o que agradar ao mundo são muito agradáveis a Deus, e muito boas para os seus padres. As beatas servem grandemente à religião, ao seu confessor e ao seu pároco, através das suas santas tagarelices, suas santas cabalas, suas

---

13. Mateus, 17, 20: "Em verdade vos digo: se tiverdes fé como um grão de mostarda, direis a esta montanha: Transporta-te daqui para lá, e ela irá; e nada vos será impossível".
14. Trata-se de uma expressão. Diz-se de um homem medíocre que se acha muito importante: "ele acredita que é o primeiro-mostardeiro do papa".

santas gritarias e, sobretudo, por uma santa obstinação por aquilo que elas não entendem.

MUNDO. No espírito de um cristão bem devoto, o mundo é a coisa mais odiosa deste mundo. Ele deve desligar-se dele para não pensar senão no outro mundo – e, para agir bem, ele deve começar por dar todos os seus bens aos padres, cujo reino não é deste mundo.

N

NADA. Como todo mundo reconhece, o nada é aquilo sobre o que nós não podemos nada afirmar, ou aquilo que não tem nenhuma das qualidades sobre as quais nós podemos julgar.

– Nesse caso, sr. Vigário, o que é um ser espiritual? O que é uma substância imaterial ou privada de extensão, de que cor, de que formato? O que é um anjo? O que é um diabo? O que é...

– Alto lá, sr. João-Ninguém! Estes são mistérios sobre os quais nem vós nem eu devemos nada compreender.

NATUREZA. É a obra maravilhosa de um Deus sábio, onipotente e perfeito. No entanto, a natureza se corrompeu. Deus quis que fosse assim para ter com o que se divertir e se aborrecer; ele tem necessidade de que excitem a sua cólera e, se não tivesse incessantemente de consertar a sua máquina, ele e seus teólogos não teriam grande coisa para fazer.

NUVENS. Nelas se vê tudo aquilo que se quer – e, sobretudo, exércitos, quando os padres estão descontentes. As nuvens são como as Santas Escrituras, nas quais os teólogos fazem aqueles que têm fé ou vista enevoada verem tudo aquilo que lhes apraz.

O

OBEDIÊNCIA. Mais vale obedecer a Deus do que aos homens. Ora, obedecer a Deus é obedecer ao clero. De onde se deduz que um bom cristão só deve obedecer ao seu príncipe quando as vontades do príncipe são aprovadas pelo clero.

OBRAS PIAS. É assim que são chamados geralmente todas as gratificações, os legados, os presentes, as fundações etc. feitos em favor da Igreja, ou seja, que têm como objetivo agradar os ministros do Senhor à custa das famílias e dos parentes.

OBSCURIDADES. Encontram-se às vezes algumas obscuridades na Bíblia e na santa religião que o próprio Deus revelou. As pessoas sem fé ficam chocadas com isso, enquanto os devotos adoram em silêncio tudo aquilo que eles não entendem. Uma religião que fosse clara logo estaria arruinada. Nossos intérpretes sagrados não teriam nada para nos dizer se Deus tivesse falado com muita clareza.

OCIOSIDADE. É a mãe de todos os vícios. Se não existissem os sacerdotes neste mundo, os povos não trabalhariam bastante e se tornariam vadios. Os monges e os padres só se devotam à ociosidade para diminuir o número dos vícios dos leigos, que por causa disso são forçados a trabalhar para si mesmos e para o numeroso exército dos preguiçosos do Senhor.

ÓDIO. Sentimento louvável e necessário a todo bom cristão, quando os seus padres julgam apropriado incitá-lo para a causa de Deus, cujos interesses lhes são conhecidos – já que estes comumente têm alguma coisa a ver com eles. Assim, fiando-se na palavra deles e sem ferir a caridade, um devoto pode odiar com consciência quem quer que desagrade ao seu querido confessor.

ODOR DE SANTIDADE. Os santos não são comumente cavalheiros bem perfumados. Porém, o odor exalado por um capuchinho, sobretudo depois da sua morte, é para os narizes devotos um perfume mais deleitoso do que pode ser a água-de-colônia[1] para o nariz de um mundano.

OFENSAS. A Divindade, onipotente que é, e embora desfrute de um bem-estar inalterável, permite – por complacência para com o seu clero – que perturbem incessantemente a sua própria felicidade. Ela se ofende a todo momento com os pensamentos, com as palavras e com as ações das suas criaturas – tudo isso para que os seus

---
1. No original, *eau des sultanes*, um antigo bálsamo de origem oriental.

padres, cujo ofício é expiar as ofensas que lhe são feitas, possam ter com o que se ocupar. Se Deus não se ofendesse, adeus à caixa do clero, e o sr. de Saint-Julien[2] seria forçado a fechar a loja.

OFERENDAS. O Deus do universo não tem necessidade de nada; um puro espírito deve fazer refeições bastante parcas e se contentar com oferendas espirituais. No entanto, como seus padres não são puros espíritos, Deus exige que lhes sejam dadas oferendas bem gordas. Não é senão para que se tenha o ensejo de lhes oferecer alguma coisa que a Divindade espalha os seus benefícios sobre a Terra. Deus explicou-se formalmente sobre isso no *Deuteronômio*, no qual ele diz: *sacrificia Domini et oblationes ejus comedent*[3].

OLHOS. Órgãos muito inúteis a todo bom cristão, que deve fechar os olhos para andar mais seguramente no caminho da salvação, ou mesmo arrancá-los quando o clero o escandaliza.

ONIPOTÊNCIA. É o poder de tudo fazer reservado apenas a Deus, sem que nada na natureza possa resistir à sua

---
2. François-David Bollioud de Saint-Julien, barão de Argental (1713-88): Ocupava o cargo de recebedor geral do clero da França.
3. "Viverão dos sacrifícios feitos no fogo para o Senhor, e da sua herança" (Deuteronômio, 28, 1).

vontade. No entanto, vemos que o poder divino ainda não conseguiu até aqui tornar as suas criaturas tais como o clero as deseja: ele não pode fazê-las agir nem fazê-las pensar de uma maneira adequada às suas vontades. O Diabo – que Deus criou muito maligno – toma algumas vezes a liberdade de encontrar defeitos em seu poder; mas tudo isso não prova nada. Deus criou o Diabo; Deus quer que o Diabo atrapalhe os seus projetos; Deus não quer aniquilar o Diabo, com medo de não ter mais nada para fazer – e, sobretudo, pelo temor de que o seu clero se torne inútil cá embaixo. Os padres da Igreja Romana são mais poderosos que Deus: ele não pode fazer a si mesmo, enquanto esses padres o fazem à vontade. Cf. *Transubstanciação*.

ONISCIÊNCIA. Qualidade que convém exclusivamente a Deus. No entanto, ele aparentemente finge ignorar aquilo que nós devemos fazer, já que somos livres nas nossas ações. A Divindade transmite aos seus padres a sua onisciência: um teólogo sabe tudo e nunca duvida de nada. É, sobretudo, nas coisas sobre as quais ninguém vê absolutamente nada que se vê brilharem a ciência e a habilidade dos teólogos.

ORAÇÃO. Cf. *Preces*.

ORAÇÕES FÚNEBRES. São discursos em homenagem aos poderosos, que são sempre – como se sabe – homens maravilhosos quando estão mortos. Os fazedores de orações fúnebres não podem jamais mentir, já que eles estão sentados na cátedra da verdade.

ORÁCULOS. Respostas obscuras e ambíguas que o Diabo, que é o pai da mentira, pronunciava outrora através da boca dos sacerdotes pagãos, que eram grandes velhacos. Esses oráculos enganadores cessaram depois da vinda de Jesus Cristo. Desde esse tempo, não temos mais senão oráculos claros, inteligíveis, e sobre o sentido dos quais não é possível discutir.

ORDEM DO UNIVERSO. É o maravilhoso arranjo que têm a felicidade de ver na natureza aqueles que a olham com os óculos da fé; esses óculos têm a virtude de impedir aqueles que os usam de perceber qualquer desordem no mundo. Eles não veem nele nem doenças, nem crimes, nem guerras, nem tremores de terra, nem teólogos intolerantes. Tudo está em ordem quando os nossos sacrificadores jantaram bem – quem quer que atrapalhe a sua digestão é um perturbador da ordem pública. Deus, para se vingar disso, é por consciência obrigado a perturbar a ordem da natureza e os soberanos, a ordem da sociedade.

ORDENAÇÃO. De todos os sacramentos, é o mais útil à Igreja. É ele que faz, sem esforço, proliferar a tribo de Levi, tão necessária às nossas almas. Nas Igrejas Romana e Anglicana, somente um bispo tem o direito de conferir esse precioso sacramento; impondo as suas patas sagradas sobre o crânio de um profano, ele faz descer perpendicularmente por ele os dons do Espírito Santo – e, sobretudo, o direito exclusivo de se impor aos outros.

ORDENS MONÁSTICAS. São os diferentes regimentos de monges que servem como voluntários no exército divino. Eles são materialmente pagos pelos povos para protegê-los espiritualmente contra os ataques espirituais dos espíritos malignos e para fazer chover espiritualmente sobre as almas as graças espirituais – das quais os corpos dos monges estão bastante repletos.

ORGULHO. Opinião elevada que nós temos sobre nós mesmos. Os ministros da Igreja estão totalmente isentos disso. O papa, que muitas vezes tratou os reis como garotinhos, não passa do servidor dos servidores de Deus – aquilo que prova que ele não tem orgulho algum ou que não ousa mostrá-lo.

ORIGINAL (PECADO). É uma travessura cometida há seis ou sete mil anos que causou muita confusão no céu e na

Terra. Todo homem, antes de nascer, tomou – contra a sua vontade – parte nesse pecado. É em consequência desse pecado que os homens morrem e cometem pecados. O filho de Deus veio ele próprio morrer para expiar esse pecado, mas, apesar dos seus esforços e de todos aqueles do seu pai, a mácula original subsistirá para sempre.

ORTODOXAS. São as opiniões daqueles que têm razão, que não são heréticos, que têm a seu favor os príncipes, os arqueiros e os carrascos. A ortodoxia, assim como os barômetros, está sujeita a variar nos Estados cristãos; ela depende sempre do tempo que faz na corte.

OUVIDOS. Órgãos dos quais é muito necessário que um cristão seja bem provido, já que a fé nos vem pelos ouvidos: *fides ex auditu*[4], como disse São Paulo. Cf. *Asnos*, *Educação cristã* e *Papagaios*.

---
4. "A fé provém daquilo que se escuta" (Romanos, 10, 17).

P

PACIÊNCIA. Virtude moral e cristã que consiste em suportar os males que a gente não pode ou que a gente não ousa impedir. Deus encarregou especificamente o clero de exercitar a paciência dos príncipes, que comumente são voluntariosos e muito sujeitos a se impacientar.

PADRE ETERNO. É o chefe da família divina. Ele deve ser bem velho, se é verdade – como não se pode duvidar – que ele tenha dito tudo aquilo que os seus livros lhe fazem dizer.

PADRES. Cf. *Sacerdotes*.

PADROEIROS. São os deuses penates ou tutelares dos cristãos; eles se interessam vivamente por todos aqueles que trazem os seus santos nomes. São João é o protetor nato de todos os *Joões* deste mundo. Os animais, as doenças e as calamidades também têm os seus patronos. São Roque tem a peste no seu departamento; Santo Antônio tem no seu os porcos e a sarna; São José, como se sabe, é o padroeiro dos cornudos ou dos animais com chifres.

PAIS DA IGREJA. São santos visionários que forneceram aos fiéis uma multidão de belos argumentadores, de belos dogmas e de sábias interpretações, dos quais não é permitido apelar para o bom senso.

PAIXÃO DE JESUS CRISTO. História lamentável de um Deus que teve a bondade de se deixar fustigar e pregar para resgatar o gênero humano: todas as vezes que ela é contada às beatas e aos devotos, na Sexta-Feira Santa, eles se desolam por terem sido resgatados.

PAIXÕES. Movimentos necessários à conservação do homem e inerentes à sua natureza desde que ela se corrompeu pelo pecado original. Sem esta memorável tolice, nós teríamos sido como os paus ou as pedras; teríamos gozado, por conseguinte, da mais perfeita felicidade. Um cristão não deve ter paixões, a não ser aquelas que os seus padres lhes inspiram.

PALAVRA DE DEUS. São os oráculos infalíveis que, em cada religião, os sacerdotes do Altíssimo recitam em seu nome. A Divindade faz a gentileza de jamais desmenti-los; quem cala, consente – e assim Deus consente sempre naquilo que dizem os seus sacerdotes. A palavra de Deus é, segundo os cristãos, *uma faca de dois gumes*, ou seja, uma faca de tripciro: por qualquer lado que a peguemos, corremos o risco de nos cortar.

PALAVRAS. No uso ordinário, as palavras são destinadas a descrever os objetos reais, existentes e conhecidos. Na teologia, as palavras são destinadas a descrever apenas palavras.

PAPA. É comumente um velho padre escolhido pelo Espírito Santo para ser, na Terra, o vigário do sr. seu irmão. É por isso que o papa tem tanto espírito e não tresvaria jamais – digam o que disserem os jansenistas e os velhacos dos protestantes, que seguramente levam muito longe a liberdade de pensar.

PAPAGAIOS. Animais muito úteis à Igreja e que, sem levarem para o mau sentido, repetem bastante fielmente tudo aquilo que se quer lhes ensinar. Cf. *Catecismo, Cristão, Educação cristã*.

PAPISTAS. Os protestantes chamam assim, por zombaria, os cristãos dóceis que reconhecem o papa como um vice--Deus na Terra – e que não têm, como eles, bastante força de espírito para não submeterem o seu intelecto senão a um predicante de Genebra, a um ministro presbiteriano ou a um doutor de Oxford. Os cristãos das diversas seitas têm, sem dúvida, o direito de zombar uns dos outros, sobretudo quando eles não estão com o nariz diante de um espelho.

PARÁBOLAS. Apólogos ou maneiras desviadas de se explicar das quais a Divindade se serve muitas vezes nas Escrituras, pelo temor que ela tem de falar inteligivelmente aos amigos que ela quer instruir.

PARAÍSO. Lugar de delícias situado nas terras austrais desconhecidas, segundo uns, e no empíreo, segundo outros. Os eleitos terão ali, por toda a eternidade, o prazer inefável de cantar o *Sanctus* em fabordão[1]. Muita gente não tem o menor interesse em comparecer a esse concerto, no temor de se entediar ou de encontrar ali muito má companhia. Uma mulher da corte sem dúvida teria vapores se a colocassem ao lado de São Francisco de Assis, de um penitente[2] ou de um mínimo[3].

PÁROCO. Padre estabelecido em cada paróquia para explicar o latim e a teologia a alguns camponeses rústicos, para atormentá-los a fim de lhes tirar o dízimo e para intentar processos contra o seu Senhor.

PARTIDO (ESPÍRITO DE). Em matéria de religião, ele põe em condições de julgar judiciosamente as coisas. Não é duvidoso que o partido que nós tomamos – ou que o

---

1. Antiga forma de canto polifônico.
2. Frade de um dos ramos da Ordem Franciscana.
3. Frade da Ordem de São Francisco de Paula.

nosso confessor tomou por nós – não pode deixar de ser o melhor.

PÁSCOA. Festa solene que os cristãos celebram em memória da ressurreição clandestina de um Deus que foi pendurado em um poste publicamente. Para celebrar dignamente esse grande dia, os católicos têm o costume de nele comer o seu Deus; é sem dúvida para ver se, assim como a Fênix, ele ressuscitará das suas cinzas. Cf. *Estercoranistas*. Houve outrora uma disputa muito acalorada na Igreja de Deus para saber com certeza a época da celebração da Páscoa; um grave concílio decidiu que a lua do equinócio da primavera devia regular este importante assunto – aquilo que nos mostra que a Igreja está, como as mulheres, sob a influência da lua. Cf. *Lua*.

PASTORES. São aqueles que estão encarregados do cuidado de levar para pastar os carneiros do bom Deus; eles encarregam-se disso por pura caridade, não se reservando senão o direito de tosquiar suas ovelhas e de enviá-las para o matadouro quando não estão bastante satisfeitos com a sua lã. Os príncipes são os cães desses pastores das almas, que fazem que eles mordam bem forte as ovelhas que se desgarram ou que não querem se deixar tosquiar.

PÁTRIA. Os verdadeiros cristãos não têm isso na Terra, eles são homens do outro mundo, sua pátria está lá no alto; eles só estão cá embaixo para aborrecer a si mesmos e para agradar aos seus padres. No entanto, lhes é permitido aborrecer santamente os outros, ou atormentá-los piedosamente para desgostá-los de uma estadia passageira. É para serem melhores cidadãos da cidade do além que os padres e os devotos são tão maus cidadãos da cidade do aquém.

PAZ. O Deus dos cristãos é chamado indiferentemente de o *Deus da paz* e o *Deus dos exércitos*. Essa contradição é apenas aparente; Deus é muito pacífico, mas sua mulher não é tão tranquila quanto ele; é para conservá-la de bom humor que ele muitas vezes é forçado a pôr os exércitos em campo e os cristãos em luta; é preciso fazer a guerra do lado de fora para ter a paz do lado de dentro. A Igreja só está em paz quando ela faz tudo aquilo que quer, ou quando ela pode sem obstáculos perturbar a tranquilidade dos outros.

PECADOS. Pensamentos, palavras ou ações que têm o poder de impacientar a Divindade, de desarranjar os seus projetos e de perturbar a ordem que ela tanto ama. De onde se vê que o homem é muito poderoso: Deus, dando-lhe o livre-arbítrio, é obrigado a deixá-lo agir; ele não pode impedi-lo de lhe dar alguns piparotes no nariz.

PECCAVI[4]. Um bom *peccavi* é suficiente, na hora da agonia, para fazer um patife entrar no paraíso. Se essa opinião e esses remorsos tardios são inúteis a este mundo, deles resultam grandes bens para aqueles que expedem os passaportes para o outro mundo.

PEDRO (SÃO). Pobre pescador muito burro que fez uma belíssima fortuna. Ele se tornou o príncipe dos apóstolos por causa do seu belo nome, que forneceu ao seu mestre a ocasião de manifestar o seu espírito fazendo um trocadilho, sobre o qual se sustenta a cozinha do Santíssimo Padre.

PENITÊNCIA. Segundo a Igreja Romana, é um sacramento que consiste em se acusar dos seus pecados a um padre e em mostrar a ele o arrependimento sincero que se tem por ter ficado bem contente. Em todas as religiões do mundo, fazem-se *penitências* – ou seja, faz-se muito mal a si mesmo para fazer bem à Divindade.

PENSAMENTOS. Deus se ofende muito gravemente com os movimentos involuntários que são provocados no

---
4. Palavra latina que significa "pequei", indicando o reconhecimento de um erro.

cérebro dos homens, sobretudo quando os ditos movimentos não são dirigidos pelo clero. A Divindade danará inapelavelmente aqueles que não tiverem pensado como os seus padres, já que eles têm o direito exclusivo de pensar pelos outros. É por isso que os ministros da Igreja têm o cuidado de revistar a consciência dos fiéis, com medo de que entrem na cabeça deles alguns pensamentos de contrabando.

PENTECOSTES. Festa solene que a Igreja celebra em memória da descida miraculosa do Espírito Santo em línguas de fogo que se detiveram sobre a cabeça dos apóstolos, dos discípulos e das santas mulherzinhas – o que as fez jazer como bêbadas e como pegas[5]. Em consequência desses acontecimentos, os sucessores dos apóstolos adquiriram indubitavelmente o direito de jazer e de pôr, com as suas tagarelices e as suas línguas, o universo em combustão.

PEREGRINAÇÃO. Práticas piedosas muito usadas nos países bem devotos. Elas consistem em correr de um lado a outro para visitar e pagar uma bebida para algum santo estrangeiro ou os seus beneficiários; para retribuir essa gentileza, o santo que foi visitado concede

---

5. Jogo de palavras com o provérbio francês *jaser comme une pie* ("Jazer como uma pega"), que significa "falar demais".

comumente aos homens a graça de se embriagarem e às moças a de darem à luz nove meses depois da visita.

PERSEGUIÇÕES. Meios seguros e caritativos que a Igreja põe em uso para trazer de volta aqueles que se extraviam e para se tornar mais amável aos olhos deles. A própria Igreja foi muitas vezes perseguida, mas sempre erradamente; as perseguições a que ela submete os outros são legítimas e santas. Para ter o direito de perseguir é preciso ter razão, e para ter razão basta não estar errado; a Igreja jamais está errada, sobretudo quando ela tem a força para provar que ela tem razão.

PESCADORES. Jesus Cristo prometeu a seus apóstolos fazer deles *pescadores de homens*: é por isso que os nossos padres estão incessantemente ocupados em turvar a água, para melhor estenderem as suas redes e pescar com mais sucesso. Eles pescam também à linha: a esperança é a isca da qual eles se servem para nos fazer morder o anzol.

PIRRONISMO. Sistema odioso de filosofia que leva a temeridade até o ponto de duvidar de tudo, até mesmo da boa-fé dos padres e das luzes sobrenaturais dos teólogos, que jamais duvidam de nada.

PLATÃO. Filósofo ateniense e pai da Igreja cristã, que deveria, sem dizer nada, tê-lo colocado em seu calendário: é a ele que ela deve um grande número de dogmas e de artigos de fé, sem contar os seus belos mistérios. Cf. *Purgatório, Trindade, Verbo*.

PLEITEAR. Um cristão não deve jamais pleitear: ele deve ceder a sua camisa e as suas calças quando querem a sua roupa. A gente da Igreja nunca pleiteia; eles são, de todos os homens, os mais fáceis nos negócios.

POBRES DE ESPÍRITO. Na linguagem profana, os pobres de espírito são os tolos. Na linguagem dos cristãos, são pessoas de espírito que se fazem de tolas neste mundo para brilhar um dia no paraíso, onde elas alegrarão o Eterno com as suas tiradas e os seus ditos espirituosos. A Igreja ama de preferência os seus filhos mais tolos; ela não dá quase nenhuma importância àqueles que têm espírito. Cf. *Tolos*.

POBREZA. Na religião cristã, não se vê por toda parte senão pobreza. Jesus Cristo é um Deus pobre, e mesmo um pobre Deus. Seus apóstolos eram pobres-diabos; os bispos são pobres santos; os monges fazem voto de pobreza; o clero recita pobrezas; elas são acreditadas por pessoas pobres que os pagam muito ricamente. Os bens do clero pertencem aos pobres, de onde se deduz que nada é mais natural e mais justo do que despojar os pobres para enriquecer o clero. Cf. *Dízimos*.

PODER ESPIRITUAL. É um poder que, como o seu nome diz, pareceria não dever agir senão sobre os espíritos, mas que, por um milagre inconcebível, age também sobre os corpos e faz mesmo com que os corpos políticos sejam submetidos a alguns abalos dos quais eles algumas vezes se recordam por um longo tempo.

Em todo Estado cristão existem dois poderes que estão quase sempre em luta para o maior bem dos povos, que não sabem muito de que lado ficar. No entanto, quando os súditos são bem devotos, o poder civil é, como de razão, o mais humilde servo do poder espiritual – que, sem isso, lhe faria sentir o gosto da sua vingança.

POLÍTICA. A religião cristã é o seu apoio. Ela mantém nos Estados a tranquilidade, a obediência aos soberanos, a população e a agricultura. Ela prescreve a submissão aos súditos, desde que os príncipes sejam bem submissos a ela. Enfim, seus padres formam um corpo no Estado, cujos interesses são sempre os do Estado – desde que o próprio Estado não pense senão nos interesses dos padres.

POMPAS DE SATÃ. Todo cristão renuncia a elas no batismo, ou seja, no mesmo dia em que nasceu. É verdade que muitas vezes ele esquece os seus compromissos – só os padres é que nunca os perdem de vista.

PONTÍFICES. Essa palavra vem de *pontifex*, fazedor de pontes. Nossos pontífices são arquitetos espirituais que fazem uma ponte intelectual, com a ajuda da qual os bons cristãos chegam ao paraíso transpondo os abismos do bom senso e da razão.

POPULAÇÃO. Ela é nociva às nações cristãs – nas quais, para agir bem, todo mundo deveria conservar o celibato. O número dos eleitos é muito pequeno e o dos réprobos é muito grande. Quanto mais uma nação contém habitantes, mais ela contém réprobos; portanto, a população é muito nociva à felicidade de um Estado.

PORÇÃO CÔNGRUA[6]. Os chefes da Igreja cristã sabiamente regulamentaram que a canalha sacerdotal, que trabalha na vinha do Senhor, não deveria ter com o que viver. Como consequência, foi regulado que um grande número de párocos não receberia senão trezentas libras por ano; de onde se vê que os bispos, que são os atacadistas da fé, não colocam eles próprios um preço exorbitante na mercadoria que eles fazem ser vendida a varejo, aos fiéis, por seus mascates ou retalhistas espirituais.

---

6. A côngrua era um tipo de pensão concedida aos párocos para o seu sustento.

POSSESSÕES. Antigamente, os demônios muitas vezes tomavam posse dos homens. Nós vemos nas Escrituras até mesmo alguns porcos se tornarem possessos. Hoje em dia, a gente quase não vê mais possessos, a não ser na província ou nos santos celeiros das convulsionárias – e ainda é preciso pagar ao Diabo para entrar nos corpos.

POVO. É o apoio da Igreja, sua consolação nas suas penas, o sustentáculo do seu poder. O povo, como se sabe, é um profundo teólogo. É também para ele que a Igreja faz os seus dogmas, aqueles que ele aprova não podem deixar de ser muito bons; *a voz do povo é a voz de Deus*; com efeito, Deus dificilmente pode se impedir de ratificar aquilo que o povo quer com muita força. Porém, o povo só quer com muita força aquilo que os padres lhe dizem para querer com muita força.

PRÁTICAS DE DEVOÇÃO. São pequenos movimentos dos lábios, dos ouvidos e do corpo, sabiamente inventados pela Igreja, sem os quais é evidente que um homem não pode ser agradável a Deus ou aos seus padres. As práticas de devoção, que parecem muitas vezes bizarras e ridículas para as pessoas sem fé, são muito úteis ao clero, para quem elas valem dinheiro; além do mais, elas habituam os fiéis a obedecer sem raciocinar.

PRECEDÊNCIA. Levantam-se frequentemente disputas de precedência entre os humildes bispos. Deus se interessa muito por esse tipo de querelas. Ele ficaria muito irritado se o seu ministro em uma diocese cedesse o passo ao ministro que ele tem em uma outra diocese.

PRECES. Fórmulas de petição inventadas pelos padres para obter de um Deus bom, que tudo sabe, aquilo de que os seus filhos têm grande necessidade, ou para convencer um Deus sábio a mudar de vontades. Sem as preces, Deus não adivinharia nunca aquilo que falta às suas criaturas. As preces dos padres são as mais eficazes de todas; eles fazem com elas um comércio bastante lucrativo – na corte do além, assim como na corte do aquém, o dinheiro facilita muito os negócios.

PREDESTINAÇÃO. Um Deus bom que tudo prevê resolveu, em seus decretos eternos, que, dentre as suas criaturas, umas seriam salvas e as outras, em maior número, seriam danadas para sempre. Se vós não compreendeis nada dessa conduta bizarra, consultai o vosso confessor: se ele for jansenista, vos dirá, para esclarecer as vossas dúvidas, que a predestinação é gratuita e sem previsão dos méritos. Se ele for molinista, vos dirá o contrário. Porém, ambos estão de acordo em vos dizer que esse é um mistério do qual é muito bom que vós não compreendais nada.

PREGADORES. Oradores sacros que as nações pagam para lhes repetir de mil maneiras diferentes algumas coisas das quais elas nunca compreenderam nada, mas que elas esperam compreender melhor à força de fazer que lhes sejam repetidas. A pregação é muito útil, não se pode duvidar: o próprio Deus, como se sabe, pregou para Adão e Eva – e, ao saírem do sermão, eles não tiveram nada de mais urgente do que ir fazer uma tolice.

PREGUIÇA. Pecado capital que consiste em negligenciar as práticas interessantes às quais os nossos padres vincularam a salvação. Um leigo deve ser ativo, a fim de ter com o que pagar os seus padres e de lutar por eles. Um padre não tem nada para fazer neste mundo além de rezar, de cantar e de querelar, quando ele tem capacidade para isso.

PREMONIÇÃO FÍSICA. É um impulso previdente por meio do qual, segundo Boursier[7], antes que o homem aja, Deus o dispõe a agir da maneira que convirá ao livre-arbítrio – no qual não é de maneira alguma permitido que a Divindade toque, com medo de que o homem não tenha nenhum mérito em agir bem.

---

7. Laurent Boursier (1679-1749): Teólogo jansenista francês, autor do *Tratado da ação de Deus sobre as suas criaturas* (1713).

PRESCIÊNCIA. Atributo divino por meio do qual a Divindade tem o prazer de saber as tolices que o homem fará, sem querer nem poder impedi-lo disso.

PRESENÇA REAL. Mistério inventado no século IX por um monge de Corbie[8], e que depois se transformou em um artigo de fé para a Igreja Católica, Apostólica e Romana. Ela crê muito firmemente que o Deus do universo, abandonando todos os seus outros negócios, atendendo à intimação de um padre a quem deram dez tostões, vem se aninhar em um pedaço de massa a fim de ser mastigado. Os protestantes fingem ter repulsa por esse mistério, depois de ter, no entanto, engolido muitos outros.

PRESUNÇÃO. É o crime daqueles que têm a impertinência de confiar de preferência nas suas próprias luzes àquelas do clero. O cúmulo da presunção é pensar que Deus bem poderia não ser tão perverso quanto os seus padres o fazem.

PROBABILISMO. Quando vos der na telha cometer algum pecado que vos tente muito fortemente, procurai saber com algum jesuíta se vós não poderíeis fazer isso

---

8. Holbach refere-se a Pascásio Ratbert, monge de São Pedro de Corbie, antigo mosteiro beneditino francês.

sem pecar. Apoiado nessa autoridade, vossa consciência pode se manter em repouso.

PROFANAÇÃO. Crime horrível que consiste em fazer das coisas que os padres chamam de *sagradas* um uso que eles chamam de *profano*, ou seja, que não é sagrado. De acordo com isso, vocês veem claramente que todo profanador deve ser queimado: ele comete um crime do qual não se tem nenhuma ideia e que, por conseguinte, não pode deixar de ser muito grande.

PROFETAS. Judeus escolhidos pela própria Divindade e inspirados por ela, quando lhe dava na veneta conversar com o seu povo para anunciar-lhe grandes desgraças. Os profetas eram, além disso, os ciganos, os adivinhos, os dizedores de boa sorte da Judeia. Eles faziam que as moças de Sion e as servas de Jerusalém encontrassem os cães perdidos e as colheres extraviadas. Os cristãos, munidos de uma fé bem vigorosa, têm a vantagem de encontrar nos seus escritos tudo aquilo que convém à Igreja. É importante nunca falar claramente: termina-se mais cedo ou mais tarde por passar por profeta.

PROFISSÃO. Na religião cristã, ela consiste em rezar, em jejuar, em sonhar quimeras e em viver como um santo mocho. Um perfeito cristão se vangloria de não servir para nada neste mundo, que não passa da sala de espera do outro. Um leigo é feito para ficar plantado nela por um longo tempo, enquanto os seus padres enchem a pança às suas custas.

PROFISSÃO DE FÉ. Fórmulas engenhosamente fabricadas pelos teólogos para fazer armadilhas, para se atormentar santamente uns aos outros e para alarmar a consciência das mulheres — que devem ter sentimentos bem puros sobre as questões da teologia.

PROFISSÃO RELIGIOSA. Cerimônia solene por meio da qual um moleque ou uma garota de quinze anos promete a Deus ser para o resto da sua vida inútil à sociedade e perseverar até a morte na santa resolução de bem se atormentar.

PROTESTANTES. Existem deles de muitas cores. São geralmente espíritos fortes que têm a coragem de protestar contra o papa e contra aquelas opiniões dele que desagradam aos sacerdotes protestantes. Esses cristãos anfíbios são, aliás, muito boa gente; embora eles tenham uma prevenção imotivada contra o Santo Padre, eles nem por isso deixam de ser submissos ao clero protestante — que, sem se crer infalível, poderia não tratar tão bem quem quer que duvidasse das suas luzes ou não visse como ele. Os protestantes são para Roma heréticos a serem queimados, mas eles têm o consolo de ser muito ortodoxos entre si e mesmo de queimar os outros quando os seus sacerdotes têm autoridade. Se os protestantes desagradam a Deus, deve ser indubitavelmente porque eles não pagam o clero de forma tão generosa quanto ele merece, aquilo que recende furiosamente à heresia.

PROVAÇÕES. São armadilhas engenhosas e sutis que, para se divertir, a Divindade, que tudo sabe e lê nos corações, faz para os homens que ela favorece, a fim de descobrir as suas disposições ocultas e saber com quem está lidando.

PROVIDÊNCIA. Designa-se por esse nome a bondade vigilante da Divindade, que provê as necessidades dos seus padres. Com a ajuda da Providência, eles nunca terão de temer que algo lhes falte. Podem mesmo ficar de braços cruzados e nem por isso deixarão de ser vestidos, abrigados, alimentados, dessedentados e festejados. É à Providência que eles devem tudo isso; qualquer que seja a sorte do resto da humanidade, ela tem sempre uma grande preocupação com o bem-estar dos seus padres.

PRÓXIMO. Um cristão deve amar o seu próximo como se fosse ele mesmo. Ora, um bom cristão deve odiar a si mesmo, de onde se deduz que um bom cristão deve atormentar o seu próximo para que os dois ganhem, à custa um do outro, o paraíso.

PRUDÊNCIA. Virtude moral e profana que não serve para nada na religião. A prudência cristã consiste em se deixar levar – o que é um meio seguro para alcançarmos o objetivo para o qual o clero quer nos levar.

PÚLPITO. É a caixa de Pandora dos cristãos; é a tribuna das arengas de onde os oradores sacros transmitem as suas úteis lições. Dele saem algumas vezes heresias, revoltas, ligas e guerras muito necessárias para alegrar os povos e reanimar a fé.

PURGATÓRIO. Forno de revérbero no qual, para o entretenimento do clero católico, apostólico e romano, Deus faz cozinhar, durante um tempo limitado pela sua justiça, as almas daqueles que ele quer radicalmente purgar. No entanto, o seu clero lhe faz mudar de ideia e o força a soltar prontamente as almas daqueles dos quais ele purgou bem a bolsa.

Q

QUAKERS ou TREMEDORES[1]. São os adeptos de uma seita abominável que é um exemplo muito perigoso: eles descobriram o segredo de dispensar os padres, aquilo que é muito contrário aos interesses do Senhor. De onde se vê que os *tremedores* não são tão poltrões quanto aqueles que não são tremedores.

QUARESMA. Tempo de mortificações e de jejum por meio do qual os cristãos mais devotos que os outros preparam o seu estômago para comer o cordeiro pascal, cuja carne seria muito indigesta se a gente não fizesse dieta e não se purgasse como é necessário antes de comê-la.

QUERELAS TEOLÓGICAS. Desavenças importantes que, para a maior glória de Deus e para o divertimento da sua mulher, se levantam às vezes entre os porta-vozes infalíveis das vontades divinas. Como eles são infalíveis de ambos os lados, eles nem sempre podem ser unânimes no que dizem. Essas querelas são muito úteis à Igreja: quando se discute sobre a forma, não se discute sobre o fundo.

---

1. De *quake*, "tremer" em inglês. *Quaker* significa "aquele que treme diante da palavra de Deus".

É muito importante que os príncipes tomem parte nas querelas teológicas: isso dá a elas um grande peso e, sobretudo, impede que elas acabem muito rapidamente.

QUESTÕES TEOLÓGICAS. Elas são da mais extrema importância. É, por exemplo, uma questão saber se Adão tinha um umbigo? Se a maçã que ele comeu era de Calleville ou de Reinette[2]? Se o cão de Tobias abanou o rabo? Se a constituição *Unigenitus* é uma regra de fé? Se o filho de Deus poderia ter se metamorfoseado em vaca? etc. etc. etc.

É possível ainda incluir na lista das *questões*[3] *teológicas* as torturas às quais a Inquisição submete os heréticos para forçá-los a acusar a si mesmos dos crimes que eles ignoram.

---

2. Nomes de duas variedades de maçã cultivadas na França.
3. Nos velhos tempos, as torturas destinadas a obter confissões eram chamadas eufemisticamente de "questões".

R

RABINO. Palavra hebraica que significa *mestre*. Jesus Cristo proibiu que os seus apóstolos se fizessem chamar de *mestres*. É por isso que os seus sucessores se fazem chamar de Monsenhor, Vossa Grandeza, Vossa Eminência, Vossa Santidade; não há mais nada a dizer.

RACA[1]. É proibido, no Evangelho, chamar seu irmão de *raca*. Porém, o clero nos aconselha a matá-lo quando ele não tem razão, ou seja, quando ele não é da nossa opinião – quando temos uma opinião – ou quando ele não é da opinião do clero – quando não temos uma por nós mesmos.

RAZÃO. É, de todas as coisas deste mundo, a mais nociva para um ser racional. Deus não deixa a razão senão para todos aqueles que ele quer danar; ele a tirou, na sua bondade, daqueles que ele quer salvar ou tornar úteis à sua Igreja. *Nada de razão*, eis a base da religião; se ela fosse racional, não haveria mais mérito em acreditar nela, e então o que aconteceria com a fé? No entanto,

---

1. Palavra que significa "vão", "vazio". Cf. Mateus, 5, 22: "Porém eu vos digo: todo aquele que se encolerizar contra seu irmão sem motivo será castigado pelos juízes. Aquele que disser a seu irmão: Raca, será castigado pelo sinédrio. Aquele que lhe disser: Louco, será condenado ao fogo do inferno".

é bom escutar a razão sempre que, por acaso, ela concorda com os interesses do clero.

RECUSA DE SACRAMENTOS. Como o cão de Jean de Nivelle[2], os padres nem sempre vão aonde eles são chamados; por volta do quadragésimo oitavo grau de latitude setentrional[3], recusa-se muitas vezes, com bastante rudeza, as graças espirituais àqueles que as pedem com fervor quando estão morrendo. Em compensação, trata-se de entorná-las à força naqueles que não sentem apetite algum por esses guisados espirituais – conduta ditada, sem dúvida, pela profunda sabedoria que sempre caracterizou os pastores da Igreja.

REDENÇÃO. Todo cristão é obrigado a crer que o Deus do universo, consentindo em morrer, resgatou os homens da escravidão do pecado; no entanto, eles vão sempre pecando como se nada tivesse acontecido. Percebe-se, de acordo com isso, que a redenção é um mistério muito útil ao gênero humano.

REFORMA. Desde a fundação do cristianismo – que, como se sabe, é a obra-prima da sabedoria divina –, seus

---

2. Filho mais velho de Jean II de Montmorency. Preferiu fugir a atender à ordem de seu pai, que queria que ele marchasse contra as tropas do Duque da Borgonha. Essa atitude deu origem a uma expressão popular: "É como o cão de Jean de Nivelle, que foge quando é chamado".
3. Essa latitude corresponde a Paris (48°52').

padres têm estado perpetuamente ocupados em reformá-lo. O Diabo está incessantemente pegando no pé da Igreja e desarranja a bela máquina inventada por Jesus Cristo; não se vê que até aqui o Espírito Santo tenha conseguido consertar solidamente a obra maravilhosa da Divindade.

REFUGIADOS[4]. Heréticos dos quais a França sabiamente se desvencilhou e que ela forçou a procurar um asilo entre os seus vizinhos. Não há mal algum em tudo isso, pois lhe ficou a fé pura. Essa fé será sempre suficiente para preservá-la dos esforços das nações heréticas — que Deus, que é ortodoxo, evitará favorecer.

REGICÍDIOS. Corretivos maternais que a Igreja faz que sejam dados algumas vezes aos príncipes que não têm pelos ministros dela a deferência que lhes é devida. Aod[5], São Tomás e o padre Busenbaum[6] provaram que nada era mais legítimo do que matar os tiranos. Cf. *Tirano*. Os profanos reclamam contra os regicídios ordenados pela Igreja; será que esses ignorantes não sabem

---

4. Holbach fala da fuga em massa dos protestantes franceses, ocasionada pela revogação do Edito de Nantes, em 1685.
5. Aod assassinou covardemente Eglon, rei de Moab, a quem os israelitas estavam submetidos (*Juízes*, III, 20-3).
6. Hermann Busenbaum (1600-68): Teólogo jesuíta alemão.

que, entre os antigos romanos, os pais tinham direito de fazer os seus filhos morrerem?

REINO DE DEUS. Ele não é deste mundo; o próprio Jesus Cristo disse isso – porém, não foi aquilo que ele disse de melhor. Os padres, para agirem bem, deveriam ser os únicos a comandar aqui embaixo; porém, infelizmente, a pouca fé dos príncipes opõe-se quase sempre aos seus santos empreendimentos. Se nós tivéssemos fé em dose suficiente, os reis estariam eles mesmos sob as ordens do clero.

REIS. São os chefes das nações e os servidores dos padres que num país bem cristão não devem estar submetidos a ninguém e devem comandar todo mundo. Os reis são feitos apenas para defender o clero, para fazer valer os seus argumentos e os seus direitos e, sobretudo, para exterminar seus inimigos.

RELIGIÃO. Sistema de doutrina e de conduta inventado pelo próprio Deus para o bem dos seus padres e a salvação de nossas almas. Existem várias religiões sobre a Terra, mas a única verdadeira é sempre aquela dos nossos pais, que eram muito sensatos para se deixarem enganar. Todas as outras religiões são superstições ridículas que é necessário abolir quando se é bastante forte para isso. A verdadeira religião é aquela que nós acreditamos ser verdadeira, aquela à qual nós estamos acostumados, ou contra a qual seria perigoso discutir. A religião do príncipe apresenta sempre as características indubitáveis da verdade.

RELIGIOSAS. Santas moças destinadas ao serralho que Jesus Cristo mantém neste baixo mundo. Cada uma delas, à força de pequenas atenções, espera um dia merecer o lencinho[7]. Enquanto esperam, elas são guardadas por alguns monges e por alguns padres que, não sendo de maneira alguma eunucos, transformam algumas vezes o sultão em corno por se fazer esperar demais.

RELÍQUIAS. As almas devotas e católicas são penetradas de um santo respeito pelos restos de algumas santas carcaças, que, como se sabe, têm o poder de realizar imensos milagres em favor daqueles que têm muita fé. O calção de São Páris[8] curou mais doenças do que toda a Faculdade de Paris.

REPARAÇÕES. Somos obrigados a reparar o mal que fizemos; o meio mais simples é dar aos padres ou aos hospitais

---

7. Entre os turcos, o senhor de um harém escolhia a sua favorita do dia (ou, mais precisamente, da noite) deixando um lenço cair sobre ela.
8. Essa relíquia, muito popular entre os jansenistas, curava as mulheres das dores de cabeça, enxaquecas e vapores.

o dinheiro que roubamos dos nossos concidadãos; tudo está bem reparado quando a Igreja está contente.

RÉPROBOS. São todos aqueles que um Deus bom destina a diverti-lo eternamente com as caretas que eles farão e com os urros que eles darão na eterna caldeira que a sua justiça lhes prepara. Um Deus justo, como se sabe, não deve nada a ninguém; ele honra muito os réprobos por querer se divertir com eles, mesmo que fosse apenas para lhes mostrar que ele é o senhor – verdade da qual, sem isso, eles talvez tivessem duvidado.

RESIDÊNCIA. Os pastores da Igreja são forçados a residir no meio dos seus respectivos carneiros, a fim de levá-los para pastar. Existem, no entanto, alguns bispos que preferem residir na corte; as ovelhas não carecem de nada quando o pastor enche a pança ou obtém abadias. A salvação dos cortesãos e dos devotos que pagam bem é, sem contestação, bem mais interessante para a Igreja do que a da canalha cristã que permanece na província.

RESPOSTAS. Responder, na teologia, é replicar as injúrias, é gritar, é implorar pelo socorro do braço secular contra aqueles que combatem os pontos de vista do clero. Essas respostas não são satisfatórias e não resolvem plenamente as dificuldades, mas aqueles que têm fé as consideram sem réplica – e aqueles que não a têm são obrigados a se contentar com isso.

RESSURREIÇÃO. Jesus Cristo ressuscitou; nós temos como avalistas disso alguns apóstolos esclarecidos e algumas santas comadres que não poderiam ter-se enganado – sem contar toda a Jerusalém, que jamais viu nada disso. Os cristãos acreditam firmemente que eles ressuscitarão um dia, quer dizer, que as suas almas espirituais se juntarão novamente aos seus corpos, e que no amontoado da natureza inteira cada um reencontrará os pedaços que pertenciam ao seu antigo indivíduo.

RETIRO. É útil aos bons cristãos viver em retiro; a coisa é muito apropriada para torná-los rabugentos, insociáveis e, sobretudo, para deixá-los de miolo mole. A sociedade nos deteriora, prejudica a nossa salvação, ela nos impede de meditar bem sobre as santas verdades que nós jamais poderemos compreender.

REVELAÇÃO. Manifestação das vontades divinas, feita pelo Todo-Poderoso em pessoa a alguns homens incapazes de nos enganar sobre isso. *Revelação* vem de *sonhar*; a Divindade revelou-se em todos os cantos da Terra; porém, a verdadeira revelação só pode ser visivelmente aquela dos sonhadores que sonharam para nós. O mais seguro é acreditar neles, sobretudo quando se corre o risco de ser enforcado por duvidar da verdade dos seus santos devaneios.

REVOLTAS. Pequenas tramoias que o clero faz algumas vezes contra os príncipes. É muito legítimo se revoltar contra o seu soberano quando o papa o aconselha ou quando a coisa é vantajosa para o clero. É então culpa do soberano, que se revoltou contra o papa ou contra o clero, ou seja, contra o próprio Deus.

RIQUEZAS. Elas são obstáculos intransponíveis para a salvação. Um rico normalmente tem o ventre muito grande para poder se enfiar no caminho estreito que conduz ao paraíso. Se ele pretende chegar lá, deve jejuar ou deixar que os seus padres o emagreçam, tornando-o bastante delgado para deslizar pela fresta da salvação.

RISO. Um cristão bem devoto deve ser sério como um asno que está sendo escovado. Jesus Cristo nunca riu. O negócio é tratar de rir muito enquanto a todo instante um cristão está ameaçado de cair na caldeira que a Divindade prepara para aqueles à custa dos quais ela vai querer rir eternamente. Não é permitido senão aos padres rir nas barbas daqueles dos quais tomam o dinheiro.

RITOS. Usos sagrados e fórmulas respeitáveis seguidos pelos nossos santos trampolineiros e contidos em santos grimórios[9] que são chamados de *rituais*. As pessoas sem fé desprezam os ritos, as práticas e as cerimônias da Igreja. Porém, ela os conserva com razão, já que essas belas coisas fazem a água correr para o moinho do clero – que, se deixasse de moer, faria que a religião morresse de fome.

ROMANOS. Povo famoso que, por direito de conquista, se tornou o senhor do mundo, e cujos direitos foram herdados, por *direito divino*, por um padre que conquistou a Europa à força de argumentos. Aqueles dentre os cristãos que estão submetidos a esse padre são chamados de *católicos romanos*; suas legiões são compostas de capuchinhos, de recoletos, de franciscanos e de jacobinos. Os jesuítas formam a coorte[10] pretoriana; os bispos são os seus tribunos militares e os reis serão os seus abastecedores enquanto tiverem bastante fé.

ROUBAR. É tomar a troco de nada aquilo que pertence aos outros. Não é permitido roubar. No entanto, a tribo de Levi desfruta do direito divino de tomar o dinheiro dos cristãos em troca das mercadorias aéreas que ela faz vir lá do alto.

---
9. Livros com fórmulas mágicas, dos quais os feiticeiros se servem para invocar os demônios.
10. Corpo de infantaria, no exército romano.

S

SACERDÓCIO. Nome genérico pelo qual se designa uma ordem de homens que, depois de terem se tornado sagrados, se espalharam por todas as nações para o bem de suas almas. Sua função neste mundo é nos falar do outro mundo, aniquilar por toda parte a razão, inventar e contar belas histórias, atormentar bem aqueles que se recusam a acreditar neles e se fazer pagar muito bem por esses importantes serviços. As religiões são muito variadas neste mundo, mas o sacerdócio é o mesmo em toda parte, o que prova evidentemente que se trata de uma instituição divina.

SACERDOTES. Em todas as religiões do mundo, eles são homens divinos que Deus em pessoa colocou na Terra, para nela exercerem um ofício muito útil. Ele consiste em distribuir gratuitamente alguns temores, a fim de ter o prazer de distribuir em seguida algumas esperanças em troca de dinheiro. Essa é uma questão fundamental sobre a qual todos os sacerdotes do mundo têm sempre estado perfeitamente de acordo.

SACRAMENTOS. Sinais e cerimônias sagrados, com a ajuda dos quais os ministros do Senhor fazem descer à vontade, lá do alto, uma ampla provisão de graças espirituais sobre as almas dos fiéis – e fazem que o dinheiro dos leigos passe dos seus bolsos profanos para os do clero. Segundo alguns cristãos, existem sete sacramentos; outros não querem tantos. Estes últimos estão errados, sem dúvida: com relação às graças divinas, nunca se poderia ter o bastante.

SACRIFÍCIOS. Antigamente, Deus enchia bem a sua pança. Regalavam-no com homens, crianças, bois, carneiros e cordeiros; hoje em dia, sua mulher o pôs de regime; não lhe servem mais senão o seu filho – e ainda são os padres quem o comem. Quanto a Deus, ele pereceria de inanição se a Inquisição não lhe preparasse alguns grelhados e se os príncipes devotos e zelosos não enchessem de tempos em tempos a despensa celeste, quando o clero lhes faz entender que Deus se cansou da dieta e ficará zangado se não lhe derem o que comer. Cf. *Massacres*, *Perseguições*, *Guerras de religião* etc.

SACRILÉGIO. Palavra terrível inventada pelos padres para designar o crime hediondo que cometem aqueles que tocam nos objetos que eles chamaram de *sagrados*. Tudo aquilo que causa dano aos padres causa dano a Deus, que não aceita a mínima zombaria. De onde se vê que roubar Deus, que não tem necessidade de nada, é um crime bem mais nefando do que roubar um pobre. Quanto mais aquele que se rouba é rico, mais o ladrão é criminoso. Por conseguinte, aquele que rouba Deus ou os seus padres é queimado, aquele que rouba um homem rico é enforcado e aquele que rouba os pobres não tem comumente nada a temer. Cf. *Hospitais*.

SACRISTÃOS. São gente da Igreja que vive do altar, assim como os padres; garantem que eles tomam a sua sopa com pão bento.

SAGRADO. É aquilo que não é profano. É chamado de *sagrado* tudo aquilo que convém aos padres fazer que os leigos respeitem. A pessoa dos padres, seus bens, seus direitos, seus oráculos e suas decisões são evidentemente coisas *sagradas*. Deus pune implacavelmente quem quer que ouse tocar nelas.

SALMOS. Velhas canções hebraicas tão sublimes quanto edificantes. A Igreja mandou-as traduzir em latim de cozinha, para o uso dos cozinheiros – que as cantam nas vésperas[1] com grande compunção. Le Franc[2], como todos sabem, traduziu-as em versos franceses, que seu compadre achou maravilhosos e divinos.

---

1. Hora canônica correspondente ao cair da tarde, com o surgimento de Vésper.
2. Cf. nota 3, verbete *Eternidade*.

SALOMÃO. Ele foi o mais sábio dos reis. Deus concedeu-lhe ele próprio a sabedoria. Por conseguinte, ele foi ainda mais impudente do que o senhor seu querido pai[3] – que, no entanto, não o era pouco. No meio de quinhentas mulheres, esse sábio rei exclamava muito sabiamente que *tudo é vaidade*.

SAMUEL. Profeta ranzinza e judeu que não tinha estudado bastante o direito das gentes em Grotius[4] ou em Pufendorf[5]: ele fazia picadinho dos reis dos outros países e fazia e desfazia dos reis do seu. De resto, ele era um bom homem, quando se era da sua opinião.

SANGUE. A Igreja abomina o sangue; ela tem o coração tão sensível que cairia desmaiada se o visse ser derramado. Consequentemente, ela nunca realiza as suas operações por conta própria. Semelhantemente aos médicos, os padres ordenam a sangria, e ela é realizada pelos príncipes, pelos magistrados e pelos carrascos, que são os cirurgiões ordinários do Monsenhor Clero.

---

3. Salomão era filho de Davi.
4. Hugo Grotius (1583-1645): Político, teólogo e jurista holandês, autor de uma das obras fundadoras do direito internacional: *De jure belli ac pacis* [Do direito da guerra e da paz].
5. Samuel von Pufendorf (1632-94): Jurista alemão, autor do célebre tratado *De jure naturae et gentium* [Do direito da natureza e das gentes].

SANTA ARCA. É a caixa do clero. Deus não admite nenhuma zombaria sobre a caixinha da sua mulher; ela contém, como se sabe, os bens e as joias da comunhão. Os príncipes, que estão muitas vezes bastante perto das suas peças, sem a fé que os retêm, seriam algumas vezes muito tentados a passar a mão nelas. No entanto, agindo de maneira adequada, eles poderiam sem perigo tentar a aventura. Deus, que às vezes dorme, lhes deixaria carregar a caixa-forte sem dizer uma palavra.

SANTAS ESCRITURAS. É a mesma coisa que a Bíblia. É uma coletânea descida do céu expressamente para que os padres nela encontrassem tudo aquilo que eles tinham necessidade de nela encontrar. As Santas Escrituras contêm tudo aquilo que um cristão deve fazer e em que deve crer, bastando somente que ele junte a elas um milhão de volumes de comentários, de silogismos, de casuístas e de teólogos.

SANTOS. São heróis muito úteis às nações, que por terem orado bem, jejuado bem, se açoitado bem, terem feito muito barulho a troco de nada, terem sido bem rebeldes e bem turbulentos, se imortalizaram na memória dos fiéis e entraram como penetras no martirológio romano. Para tornar-se um santo, é necessário ser bem inútil ou bem incômodo para si mesmo e para os outros.

SATISFAÇÃO. Jesus Cristo, ao morrer, satisfez seu pai. Por consideração à sua morte, os homens foram liberados das suas dívidas. No entanto, o querido Pai ainda quer que lhe paguem. De onde se vê que a justiça divina exige que sejam pagas as dívidas das quais ela já deu a quitação.

SECULARES. Palavra que é sinônimo de profanos, de leigos, da canalha. São homens que não servem para nada neste mundo, a não ser para pagar os padres e para lhes servir de montaria, para que um vá levando o outro para o paraíso.

SECULARIZAÇÃO. Operação sacrílega da política profana por meio da qual os bens da Igreja são tirados do clero para serem entregues nas mãos dos príncipes heréticos – aquilo que desagrada muito fortemente a Igreja Católica ou a política sagrada do Santo Padre.

SEDICIOSO. Por direito divino, é permitido aos ministros do Senhor serem sediciosos; o soberano é um tirano a partir do momento que ele quer impedi-los disso ou a partir do momento que ele tem a insolência de querer reprimi-los, puni-los e – o que é ainda bem pior – devolvê-los à razão, que jamais foi feita para o clero: ele tem as suas razões para nos dizer que é preciso desprezar a razão.

SEITAS. São os diversos galhos e ramos que partem do tronco de uma mesma religião. O tronco é chamado de *religião dominante*. Esse tronco está perpetuamente ocupado em sacudir os seus galhos, aquilo que faz que algumas vezes ele mesmo balance; além disso, ele está plantado em um solo arenoso. Se os príncipes não o segurassem, ele infalivelmente cairia.

SEMINÁRIOS. Casas sagradas onde, sob os olhos de um bispo, se faz pulular a raça dos padres do Senhor, e onde eles aprendem desde cedo a conhecer o preço das mercadorias celestes que eles um dia terão de vender.

SENSO COMUM. É a coisa mais rara e mais inútil na religião cristã. Ditada pelo próprio Deus, ela não está de maneira alguma submetida às regras humanas e vulgares do bom senso. Um bom cristão deve submeter o seu entendimento à fé, e se o seu vigário lhe diz que três são um ou que Deus é pão, ele é obrigado a acreditar nisso, a despeito do senso comum.

SENTIDO ANAGÓGICO. Na linguagem da teologia, é um sentido secreto, misterioso, inconcebível, que pode ser encontrado em certas passagens das Escrituras aparentemente ininteligíveis para todos aqueles que não têm bastante fé para alienar o espírito a ponto de elevar-se até as coisas divinas.

SENTIDOS. Um bom cristão não deve de maneira alguma confiar no testemunho dos seus próprios sentidos, que bem poderiam enganá-lo. É unicamente nos sentidos dos seus padres que ele deve confiar. Eles têm os sentidos bem mais refinados do que os dos outros, sobretudo nas coisas espirituais, das quais os leigos jamais entenderão nada.

SERPENTES. As serpentes antigamente falavam; foi uma serpente quem seduziu a avó do gênero humano. São as serpentes que tentam e seduzem as suas netas, mas estas não falam nada. Os padres do Senhor devem ser prudentes como serpentes, mas os leigos devem ser, com relação a eles, simples como pombas e mansos como carneiros.

SETENTA (OS)[6]. Foram setenta e dois judeus inspirados que fizeram o Espírito Santo falar em grego, de uma maneira que nem sempre está de acordo com o Espírito Santo falando hebraico ou latim: tudo isso para exercitar a nossa fé e a crítica dos doutores da Igreja.

---
6. Segundo consta, a tradução para o grego do Velho Testamento, conhecida como *Septuaginta*, foi realizada em Alexandria, no século III a. C., por encomenda do rei Ptolomeu Filadelfo.

SILÊNCIO. O maior dos atentados, para um soberano, é impor silêncio aos padres. A Igreja é uma comadre que quer falar, que deve falar, que pereceria infalivelmente se a impedissem de falar.

SÍMBOLO. É o sumário ou o breviário das coisas incríveis nas quais um cristão é obrigado a crer, sob pena de ser danado. Por menos que ele creia firmemente em seu símbolo e nas decisões contidas nos concílios, nos padres e em um milhão de comentadores, ele não poderá deixar de saber ao que ater-se quanto à sua fé.

SIMONIA. Tráfico ilícito dos dons do Espírito Santo. Os padres do Senhor evitam cuidadosamente vendê-los: como o sr. Jourdan[7], eles os dão em troca de dinheiro – na Igreja Romana, só as cinzas e os feixes de lenha é que são dados de graça.

SINAGOGA. Foi a primeira mulher do Padre Eterno; ele a tinha desposado no tempo em que ele era judeu, mas ela o atormentou tanto que ele se fez cristão por despeito. E para lhe pregar uma peça, ele desposou a Igreja em segundas núpcias – asseguram que ele não ganhou muito com a mudança.

---

7. Talvez seja uma referência ao dramaturgo Jean-Baptiste Jourdan (1711-93).

SINOS. Instrumentos teológicos ou barulhentos destinados, como os padres, a atordoar os vivos e a convidar os mortos a pagar bem à Igreja. Os sinos são muito cristãos, já que eles são batizados; devemos mesmo presumir que eles conservam sempre a inocência batismal, vantagem que não tem a maior parte dos cristãos.

SOBERANOS. Existem dois deles em todo país cristão: primeiro, monsenhor clero; segundo, o príncipe – que deve ser, para agir bem, o servidor do Monsenhor.

SOBRENATURAL. É aquilo que está acima da natureza; como nós conhecemos perfeitamente a natureza, seus recursos e suas leis, a partir do momento que se apresente alguma coisa que nós não mais compreendemos, devemos clamar que é um milagre e dizer que a coisa é sobrenatural e divina. Em poucas palavras, o sobrenatural é tudo aquilo que nós não entendemos, ou a que os nossos olhos não estão habituados. Isto posto, ao dizermos que a revelação, que a teologia e que os mistérios são coisas *sobrenaturais* é como se disséssemos que nada compreendemos disso tudo. Os milagres são obras sobrenaturais, já que nós não sabemos como são feitos os milagres. Aquilo que é sobrenatural para os leigos é muito natural para os padres, que sabem muito bem como é necessário agir para fazer coisas sobrenaturais – sobretudo quando os leigos têm a ingenuidade requerida para ver coisas sobrenaturais ou acreditar nelas.

SOCORROS. São as pauladas, as espadeiradas e as porretadas que os partidários da graça eficaz dão nas santas mulheres do partido, que têm uma tamanha provisão dessas coisas que chegam a ficar sufocadas. Tudo isso para provar a eficácia da graça da caixinha de esmolas[8]. Cf. *Convulsionárias* e *Jansenistas*.

SONHOS. A religião cristã nos proíbe de acreditar nos sonhos – que, no entanto, tinham um enorme peso no Velho Testamento. Como recompensa, ela nos permite acreditar nos delírios – e mesmo a Santa Igreja ficaria muito zangada se nos recusássemos a acreditar nos delírios dos seus padres.

SORBONNE. Manufatura real de doutores da Igreja, com os quais a França se enriquece anualmente: eles saem de lá armados com todas as peças e precisam no máximo de dez anos para estarem a par das coisas necessárias à salvação dos povos que eles devem doutrinar.

---

8. No original, *boîte de la Perrette*, forma zombeteira como os católicos franceses denominavam as caixas de esmolas dos templos protestantes.

SUICÍDIO. É muito proibido a todo cristão atentar contra os seus dias, ou se matar de uma vez por todas. Mas lhe é muito permitido se matar por partes ou pouco a pouco. Assim, não há nada a dizer. Sua conduta torna-se mesmo tão edificante e tão meritória que ele pode esperar morrer em odor de santidade e ser um dia colocado no almanaque, por pouco que ele faça uma dúzia de milagres.

SUÍÇO[9]. Homem da Igreja bastante brusco que, nas cerimônias, precede o sr. Vigário, abre lugar para ele e afasta os importunos que poderiam perturbá-lo nas funções sagradas. Os soberanos muitas vezes não passam dos suíços do clero.

SUPERSTIÇÃO. É toda religião ou toda prática religiosa à qual não se está acostumado. Todo culto que não se dirige ao verdadeiro Deus é falso e supersticioso. O verdadeiro Deus é aquele dos nossos padres, o verdadeiro culto é aquele que melhor lhes convêm e ao qual eles desde cedo nos acostumaram. Qualquer outro culto é evidentemente supersticioso, falso e mesmo ridículo.

---

9. A Guarda Suíça, até hoje responsável pela segurança do Vaticano, foi criada em Roma, em 1506.

SUSPENDER. Quando um padre da Igreja Romana, extraordinariamente, cometeu um crime ou fez alguma tolice manifesta, ele não é enforcado como um patife leigo; ele é *suspenso*, ou seja, privado do direito de exercer as penosas funções do sagrado ministério – o que é, sem dúvida, um castigo bem rigoroso.

T

TE DEUM. Cântico que os príncipes cristãos fazem cantar todas as vezes em que eles têm a vantagem de matar muitos cristãos; tudo isso para agradecer a Deus por lhes ter concedido esta graça e por terem eles mesmos perdido um grande número de súditos.

TEMOR. É o começo da sabedoria; jamais se raciocina melhor do que quando se tem muito medo. Os poltrões são as pessoas mais úteis à Igreja. Se algum dia os homens recuperassem a coragem, os padres seriam infalivelmente desencorajados.

TEMPO. O tempo, tão precioso para os profanos, não é levado em conta na religião. Seus santos ministros consideram um dever perdê-lo santamente. O que é, com efeito, o tempo comparado com a eternidade?! Cf. *Contemplação, Meditação, Exercícios de piedade, Festas.*

TEMPORAL. É aquilo que não é eterno. Como o poder temporal só o é por algum tempo, deve ser subordinado ao poder espiritual, que deve durar para sempre. O *temporal* do clero é uma coisa sagrada porque esse temporal, nas suas mãos, torna-se espiritual, eterno e divino. Os ministros da Igreja só o defendem com tanto ardor porque ele pertence a Deus, que é um puro espírito, mas que está fortemente ligado aos bens *temporais* deste mundo, sem os quais os seus ministros espirituais não poderiam de maneira alguma subsistir.

TENTAÇÕES. Deus tenta algumas vezes os homens para ter o prazer de puni-los quando eles são bastante idiotas para cair na cilada. No entanto, normalmente ele faz que eles sejam tentados pelo Diabo, que não tem outras funções na Terra além de zombar de Deus e de corromper os seus servidores. Vê-se, por esta conduta misteriosa, que a Divindade, em seus decretos impenetráveis, se diverte ao fazer brincadeiras de mau gosto consigo mesma.

TEOCRACIA. Bela forma de governo inventada por Moisés para a comodidade da tribo de Levi – na qual Deus é o único soberano e, por conseguinte, seus queridos sacerdotes são os senhores dos corpos e das almas dos homens. Esse governo divino deveria subsistir em toda parte, sobretudo nos países cristãos, onde os príncipes devem ser apenas os lacaios do clero.

TEOLOGIA. Ciência profunda, sobrenatural e divina que nos ensina a raciocinar sobre tudo aquilo que nós não entendemos e a embaralhar nossas ideias sobre as coisas que nós entendemos – de onde se vê que é a mais nobre e a mais útil das ciências; todas as outras se limitam aos objetos conhecidos e, portanto, desprezíveis. Sem a teologia, os impérios não poderiam subsistir, a Igreja estaria perdida e o povo não saberia como se ater em relação à graça, à predestinação gratuita e à Bula *Unigenitus*, sobre as quais é muito essencial que ele tenha ideias precisas.

TEPIDEZ. Indiferença muito condenável pelos importantes objetos dos quais um cristão deve se ocupar, e que bem poderia conduzir à tolerância. Um cristão deve ser ardente. Deus vomita os tépidos; eles causam vapores na sua mulher, que não gosta dos apaixonados enregelados.

TESES. São denominadas assim, na teologia, as disputas públicas e solenes nas quais os jovens teólogos mostram a sua perícia provocando ferimentos na própria cabeça – tudo isso para terem a oportunidade de mostrar a eficácia do seu unguento, que não é outro senão a fé. As *teses*, entre os cristãos, substituíram dignamente os Jogos Olímpicos dos gregos, os exercícios dos romanos e as conferências dos filósofos, que não passavam de pagãos e de ignorantes em teologia.

TESTAMENTOS. Deus, que é imutável, fez dois deles em sua vida: um se chama o *Antigo* e o outro o *Novo Testamento*.

A Igreja só adota o primeiro por uma questão de conveniência; ela se atém ao segundo arranjando-o à sua maneira: este último é tão preciso que jamais surgem chicanas entre os herdeiros chamados para a sucessão. Nos séculos de ignorância – quer dizer, de fé viva –, os testamentos dos leigos eram nulos quando eles não deixavam para a Igreja uma porção dos seus bens que a deixasse contente.

TESTEMUNHAS. Nos assuntos ordinários da vida, para se confiar nas testemunhas, exige-se que elas sejam esclarecidas, sensatas e desinteressadas. Na religião, as testemunhas, com base na palavra das quais nós somos obrigados a crer em coisas incríveis, são santos ignorantes, profetas um tanto loucos, mártires fanáticos e padres que vivem abundantemente à custa das belas coisas que eles nos atestam; no entanto, nós acreditamos neles, e esse é um belo milagre.

TIARA. Tripla coroa que só o papa tem direito de usar, para indicar a plenitude do seu poder no céu, na Terra e no purgatório.

TIRANO. É, na linguagem ordinária, um príncipe que oprime a sociedade em vez de governá-la; na linguagem da religião, um tirano é um príncipe que não pensa como os padres, que não faz tudo aquilo que eles querem ou que tem a impertinência de pôr obstáculos às suas santas vontades quando crê que elas são prejudiciais à felicidade do Estado – que não deve jamais questionar os direitos sagrados do clero.

TOLERÂNCIA. Sistema ímpio e contrário aos desígnios do clero. Ele não pode ser adotado senão por alguns cristãos pouco zelosos que, traindo os interesses da Igreja, sustentam que seria bom deixar cada um pensar à sua maneira sobre as coisas, sobretudo as que ninguém entende. A Igreja conhece os seus interesses melhor do que ninguém: ela jamais consentirá em uma tolerância completa. As seitas em toda parte se odiaram, se perseguiram e se exterminaram, e nós temos motivos para esperar que isso continue do mesmo modo até o fim dos séculos, se a Igreja chegar até lá.

TOLOS. Os incrédulos, que são tolos, não veem através dos seus olhos profanos senão tolices e tolos na nossa santa religião. Eles encontram nela um Deus tolo que se deixou tolamente pendurar em um poste, tolos Apóstolos, tolos mistérios, tolas opiniões, tolas querelas e tolas práticas que ocupam pessoas tolas e fazem viver alguns padres que não são assim tão tolos. Cf. *Cristão, Ignorância, Credulidade, Fé* etc.

TONSURA Operação sagrada que se faz no cabelo de um leigo que quer se agregar ao clero, ou seja, começar a viver à custa dos outros. Essa cerimônia preliminar é realizada para lhe ensinar que a sua função será doravante a de tosar os seus concidadãos, se a graça de Deus lhe fornecer boas tesouras.

TRABALHO. Os sacerdotes não estão aqui embaixo para trabalhar como os leigos; seu trabalho é espiritual e, por conseguinte, muito penoso. Ele consiste em cismar, em falar, em discutir e em cantar para o maior bem daqueles cujos braços se movimentam. Como esse trabalho é muito útil, ele é comumente muito bem pago. O clero não ficaria contente se o pagassem em espírito pelo seu trabalho espiritual. Cf. *Vespas, Vampiros, Monges* e *Padres*.

TRADIÇÃO. É a palavra de Jesus Cristo, recolhida pelos homens esclarecidos que a transmitiram sem nenhuma alteração aos cristãos de hoje em dia. Vê-se que a tradição conservou-se por milagre. Os homens ordinários normalmente aumentam ou diminuem as coisas que eles veem ou que eles ouvem. Os Apóstolos não estiveram nesse caso e os nossos padres são honestos demais para alterar a tradição.

TRAMPOLINEIROS. Escamoteadores que, com os seus truques maravilhosos, iludem o vulgo em todas as nações. Os sacerdotes das religiões falsas são falsos trampolineiros ou patifes. Os sacerdotes da verdadeira religião são os trampolineiros verdadeiros que devemos respeitar, sobretudo quando eles estão em condições de nos escamotear.

TRANSUBSTANCIAÇÃO. Segundo os católicos, Deus faz a gentileza de se transformar em pão quando isso convém ao seu padre, que, em um passe de mágica, faz desaparecer o pão para pôr Deus em seu lugar. Trata-se do mais assombroso truque de prestidigitação que o sacerdócio inventou até hoje. Cf. *Presença real*.

TRINDADE. Mistério inefável adotado pelos cristãos, que o receberam do divino Platão. Ele constitui um artigo fundamental da nossa santa religião. Com a ajuda desse mistério, um Deus é três, e três Deuses não passam de um Deus único. O dogma da Trindade só pode parecer absurdo para aqueles que não entendem nada de Platão. Esse pai da Igreja imaginou três maneiras de considerar a Divindade: do seu poder, nossos santos doutores fizeram um *Pai* de barba venerável; da sua razão, eles fizeram um *Filho* emanado desse Pai e pendurado em um poste para apaziguá-lo; e da sua bondade eles fizeram um *Espírito Santo* transformado em pombo. Eis aí todo o mistério.

TURÍBULO. Defumador sagrado no qual se fazem queimar alguns perfumes para regalar as narinas da Divindade. Os padres são os seus perfumistas privilegiados; *meter a mão no turíbulo* é dito, portanto, metaforicamente, para designar o crime detestável de todo príncipe ou magistrado que tenha a impertinência de meter o nariz nos assuntos dos padres sem ser chamado a isso.

U

ULTRAMONTANOS[1]. São todos aqueles que habitam para além dos montes; os jansenistas afirmam que é necessário enviá-los *para além das pontes*, o que não seria muito desagradável para alguns italianos.

UNGIDOS DO SENHOR. São homens bem gordos ou aos quais se é obrigado a engordar bem os bolsos. Os padres tiveram em todos os tempos um gosto acentuado pela gordura. Eles se nutrem por toda parte com a gordura que as suas preces fazem cair sobre a Terra. Deus, pela boca de Jeremias, prometeu aos seus queridos sacerdotes embriagá-los de gordura, o que tornará o seu povo bem mais gordo. *Inebriabo animam sacerdotum pinguedine, et populus meus implebitur bonis*[2]. Cf. Jeremias, 31, 14. Na Igreja Romana, molha-se as mãos dos padres com um unguento divino para pô-los em condições de curar as feridas das almas daqueles que eles desengorduraram bastante.

---

1. Adeptos de uma doutrina teológica surgida na França que defendia o poder temporal do papa e a autoridade absoluta da cúria romana em todas as questões referentes à fé (em oposição aos galicanos, que lutavam pela independência da Igreja francesa).
2. "Cumularei os sacerdotes de abundantes vítimas gordas, e meu povo fartar-se-á com os meus bens".

UNIDADE. Todo cristão deve crer firmemente que existe apenas um único Deus; sem a revelação divina, nós jamais teríamos podido adivinhar esta verdade. No entanto, todo cristão é, em consciência, obrigado a adorar três Deuses que desfrutam, em comum, da divindade. De acordo com as equações algébricas dos nossos teólogos, um é igual a três e três é igual a um. Qualquer um que não se renda à evidência desse cálculo carece seguramente de fé e merece ser queimado.

UNIDADE DA IGREJA. Do mesmo modo que Deus é uno, a Igreja de Deus é una. Não é permitido duvidar disso considerando a unidade de dogmas, de sentimentos e de opiniões que vemos subsistir há tantos séculos entre todos os cristãos. Essa unidade prova seguramente o dedo de Deus.

UNIGENITUS. Palavra com a qual começa uma interessante bula do Santíssimo Padre[3] que há mais de cinquenta anos tem alegrado a França. Ela, sobretudo, fez florescer o comércio do papel; ela fez distribuir duzentas mil cartas seladas, sem contar um milhão de pastorais e de belos escritos que ela faz eclodir para a instrução

---

3. Promulgada pelo papa Clemente XI, em 1713, essa bula visava à condenação do jansenismo.

das regateiras e para exercitar as santas tagarelices das devotas da corte.

UNIVERSIDADES. Estabelecimentos muito úteis ao clero e sabiamente confiados aos cuidados dos seus membros, que trabalham eficazmente para formar cidadãos bem devotos, bem zelosos, bem pobres de espírito e bem inúteis à sociedade profana, mas bem proveitosos ao clero.

USURA. Deus a havia permitido aos judeus, assim como o roubo. Porém, ambos são interditos aos cristãos leigos. Apenas o clero tem o privilégio de fazer cá embaixo um comércio usurário e mesmo de cobrar grandes juros pelas quantias que ele não emprestou.

USURPAÇÕES ECLESIÁSTICAS. As pessoas que carecem de fé afirmam que a Igreja muitas vezes exerceu alguns direitos que não lhe pertenciam. Se elas tivessem fé, perceberiam que a Igreja jamais pode usurpar, já que ela exerce os direitos de seu marido, que são ilimitados. São os soberanos que são os usurpadores, quando eles impedem o clero de usurpar o poder ou os direitos dos quais os leigos jamais podem senão abusar.

V

VAIDADE. Fora da teologia, tudo neste mundo é vaidade. É apenas no outro mundo que encontraremos o sólido; é lá que veremos a solidez dos edifícios erguidos pelos nossos padres. Enquanto se espera, sua cozinha neste mundo me parece muito solidamente provida.

VAMPIROS. São mortos que se divertem sugando o sangue dos vivos. Os espíritos fortes talvez duvidem dessa maravilha. Eles que abram os olhos, porém, e verão um corpo morto sugar o corpo vivo da sociedade. Cf. *Monges, Padres, Clero* etc.

VASOS. Todos os homens são potes, como disse elegantemente São Paulo. Porém, uns são vasos que Deus coloca sobre sua lareira para enfeitar o seu apartamento, outros são vasos noturnos que ele manda cozer de novo eternamente, a fim de limpá-los depois de ele próprio tê-los sujado.

VELHACOS. Cf. *Padres, Trampolineiros, Roubar, Comediantes* etc.

VELHO HOMEM (O). É o homem no seu natural, ou seja, corrompido, bastante depravado para amar o seu bem-estar e bastante fraco para buscá-lo. O filho de Deus fez o melhor que pôde para aniquilar o *velho homem*, mas, assim como os seus padres, ele desperdiçou até aqui o seu latim. Será preciso ver se, na sequência, eles se sairão bem nessa tarefa em sua homenagem.

VENTO. Mercadoria muito preciosa que os nossos feiticeiros sagrados vendem, como é de direito, por um alto preço aos cristãos, para ajudá-los a navegar na barca de São Pedro. O vento que o clero vende produz muitas vezes tormentas, em conformidade com estas palavras das Escrituras: *Eles semearão o vento. E colherão tempestades*[1].

VERBO. É o *logos* de Platão, a sabedoria divina, a razão eterna, da qual os nossos teólogos fizeram um Deus ou, se preferirem, um homem. Nós acreditamos, portanto, muito firmemente que a razão de Deus se fez homem para esclarecer os homens e, sobretudo, para lhes ensinar que a razão divina não pretendia de maneira alguma que eles tivessem razão, mas que os seus padres têm sempre razão.

VERDADE. Existem apenas de duas espécies: uma é humana e a outra é teológica ou divina. A primeira não convém ao clero e, por conseguinte, é falsa; a segunda é

---

1. Oseias, 8, 7.

útil a ele e, por conseguinte, é verdadeira. A verdade útil e verdadeira é sempre aquela que convém aos nossos padres.

VESPAS. Insetos nocivos e preguiçosos que tiram o mel das abelhas e que levam a perturbação para a colmeia na qual se trabalha. Cf. *Dízimos, Padres, Monges* e *Vampiros*.

VIÁTICO. Quando um bom católico está prestes a fazer a grande viagem, a Igreja – como boa mãe – faz para ele um pequeno farnel para o caminho. Com medo de que a sua alma morra de fome pela estrada, ela enche a sua pança com uma bolacha – alimentação bastante leve, mas que é suficiente, de resto, para uma alma que viaja.

VINGANÇA. Segundo a Bíblia, o Deus do universo é vingativo e rancoroso. Seus ministros não podem, portanto, se dispensar de imitá-lo e de adotar os seus pontos de vista: o Deus das vinganças não os olharia com bons olhos se eles deixassem de vingá-lo. A Divindade é sempre vingada quando os seus padres o são.

VIRGEM SANTA. É a mãe do filho de Deus e a sogra da Igreja; ela foi espiritualmente toldada pelo Deus Pai, que, não passando de um puro espírito, não consumou o casamento – pois é evidente que um corpo é necessário para esta cerimônia.

VIRTUDES MORAIS. Elas só são úteis para a sociedade, mas não rendem nada para a Igreja. São, portanto, falsas virtudes. No entanto, elas podem ser vantajosas, desde que estejam junto com as virtudes evangélicas ou com aquelas que são chamadas de virtudes teologais.

VIRTUDES TEOLOGAIS. Quer dizer: necessárias aos teólogos ou que têm como objetivo a utilidade do clero. São a *fé*, a *esperança* e a *caridade*. Se essas virtudes não têm nada de muito útil à sociedade, elas são ao menos vantajosas para o sacerdócio: a *fé* lhe entrega os povos que a *esperança* entretém e cuja *caridade* o coloca na abundância e faz que ele viva familiarmente na sociedade.

VISÃO BEATÍFICA. Aqueles que neste mundo tiverem tido o cuidado de fechar bem os olhos, com o risco de quebrar o nariz, desfrutarão no outro mundo de uma vista tão penetrante e tão forte que poderão, sem serem ofuscados, contemplar face a face o esplendor do espírito que enche o universo.

VISIBILIDADE. Caráter da verdadeira Igreja, que deve ser visível e que muitas vezes se torna palpável, sobretudo quando ela monta em seus grandes cavalos. É então que todas as outras Igrejas se escondem e se tornam invisíveis.

VISÕES. Lanternas mágicas que em todos os tempos o Padre Eterno se diverte em mostrar aos santos, aos profetas e aos seus favoritos de ambos os sexos. Os loucos, os velhacos e as mulheres neuróticas são comumente aqueles que a Divindade prefere para lhes mostrar a sua curiosidade.

VOCAÇÃO. Voz interior e irresistível da Divindade, que convida um rapaz ou uma moça de quinze anos a se enclausurar para ter o prazer de se entediar pelo resto da sua vida. A vocação para o estado eclesiástico é um santo desejo de obter alguns benefícios e rendas que o próprio Deus inspira aos filhos caçulas que não têm nada, ou a todos aqueles que sentem uma tendência irresistível a não fazer nada pela sociedade.

VONTADES. Faz parte da fé acreditar que Jesus Cristo tem duas vontades e duas naturezas; a primeira é a sua, a segunda é a do clero – que nem sempre é a dele, mas à qual, assim como nós, ele é forçado a se sujeitar.

VOTOS MONÁSTICOS. Promessas solenes feitas a Deus de ser inútil a si mesmo e aos outros, de passar sua vida em uma santa pobreza, em santos pruridos, em uma santa submissão às vontades de um santo monge ou de uma santa beata que, para se desenfadarem, atormentam todos aqueles que se colocam sob as suas ordens.

VULGATA. Tradução latina das Santas Escrituras inspirada pelo Espírito Santo que, sem dúvida, sabia melhor o hebraico do que o latim: com efeito, a sua leitura nos prova que Deus não fala um latim tão bom quanto o desse maroto do Cícero.

Z

ZELO. Febre sagrada quase sempre acompanhada de paroxismos e de delírios passageiros, à qual os devotos e as devotas estão muito sujeitos: trata-se de uma doença endêmica e contagiosa com a qual o cristianismo gratificou o gênero humano. Há dezoito séculos os cristãos têm muito com o que estar satisfeitos quanto às vantagens que eles extraem das crises salutares que o filho de Deus e seu clero causaram na Terra, e que, se Deus ou os príncipes nelas não intervierem, durarão infalivelmente até a consumação dos séculos.

FIM